规划
退休后的
第二人生

蒋瞰 —— 著

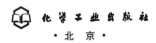

化学工业出版社
· 北京 ·

图书在版编目（CIP）数据

规划退休后的第二人生 / 蒋瞰著. —北京：化学工
业出版社，2024.12. — ISBN 978-7-122-35233-0

Ⅰ.C913.6

中国国家版本馆 CIP 数据核字第 2024MP6697 号

责任编辑：张　曼　　　　　　　　装帧设计：王秋萍
责任校对：王鹏飞

出版发行：化学工业出版社（北京市东城区青年湖南街13号　邮政编码100011）
印　　装：北京新华印刷有限公司
880 mm×1230 mm　1/32　印张 6¼　字数 150千字　2025年1月北京第1版第1次印刷

购书咨询：010-64518888　　　　　售后服务：010-64518899
网　　址：http://www.cip.com.cn
凡购买本书，如有缺损质量问题，本社销售中心负责调换。

定　价：49.80元

拥抱退休后的黄金年代

退休对每个人来讲，不尽相同。有的人在"法定年龄"正常退休，过上了悠闲自在的退休生活；有的人到了退休年龄，体力精力俱佳，继续发挥余热；有的人或主动或被动地"早退"，让退休生活来得更早了些……

退休，或许只是生活和工作的延长线。在经历了人生上半场的探索后，明白了这个世界与生命的真相，退休开启人生的新阶段。

退休后的老徐成了宅家的玩家，火炉、相机、咖啡样样精通。他没有"浪迹天涯"，很多时候连家门都不出，却凭着这些"玩具"，在自己感觉最安全的地方构建了无比惬意的退休生活，这不就是"附近500米"的最好实践嘛！

孙勤退休后继续自己的"专业"，从图书馆馆长退下来后，做了书店店员，在呼吸得到山水灵气的地方，为家长做购书导读，她体会到"退休才能蜕变成更好的人"，这是人上年纪后不可多得的"被认可"。

李赛莲退休后和很多"儿行千里母担忧"的妈妈一样，想帮正在创业的孩子解忧。57岁的她便在儿子的民宿里做起了主理人，玩转预订、房态、调价，把民宿经营得有声有色，还不用看人脸色。

无独有偶，想着和子女在一起有个照应的章勤华，已经是儿子经营的民宿里一名不可缺少的员工了——民宿的花草园艺都出自她手，她的"少有付出感"也让所有人都有了松弛感。

……

相比从前，如今退休或即将退休的人们往往拥有更高的文化程度与经济条件，对退休生活的品质更有要求。帮子女带孩子也未必是必选项。就算带孩子，也完全可以自洽，比如退休后的国英，从小城市去上海，她没有过成"来到异乡"的苦哈哈的样子，而是在新的城市，把"任务"变成"机会"，带孩子之余，天天城市漫步，过上了自己想要的生活。

如今的退休，让许多过去的担忧变成了多余。很多关于退休的著作和资料提到无法适应退休生活的人，比如老友间彼此问好，却怎么都摸不出名片，才意识到自己已经退休。这种"睹物忧思"随着电子时代的渗透，无论在职还是退休，都通过微信添加好友，谁都不需要名片，头衔也显得不那么重要。智能手机和移动网络的普及，让今天的退休人士可以轻松拥有自己的世界。对于第三代的思念和想法打发的时光，网络帮了大忙。

能在退休后过得不错的人，往往有个共同点——很多人都是有过预见和规划的。

退休后立即改变生活习惯，投入新的生活，无论谁都很难做到。但已经和自己相处了五六十年，对自己最为了解，知道自己真正喜欢什么，也清楚到底想过怎样的生活。那么，趁着退休前，为理想的生活做些布局，越早规划，越有利于退休后的问题的顺利解决，也便于给自己开拓更广阔的选择空间，抓住主动权。

本书围绕"退休"议题展开，当我们了解了退休的意义，开启人生新阶段后，几位和自己的退休生活自洽的主人公登场，他们背景不同，活法不同，但都积极、乐观，以及有所准备，把退休生活过成理想的样子。接下来，书中分三章探讨提前规划退休的意义和方法，包括如何理财，如何重塑自己与社会关联，以及可以直接拿来就用的退休行动清单。

一个人的生命长度有限，而广度、深度却可以无限延展。每天在公园跳舞或和老伙伴一起演奏乐器，都可以是退休人士自洽和快乐的时光。但这不是他们唯一的生活方式，他们可能转身要帮子女带孩子，要去老年大学上课，或在返聘中继续获得成就感——没有一种模式是固定的、必需的。退休成了第二人生的起点，无限精彩。

听过一段话："我要求不高，如果人的一生有80年的话，那么，退休后我还有很多年时光。退休后的时间，不用考虑工作，不用一心为了子女，完完全全为自己活着，一定要充分利用好。"

更何况，在这个年纪并不能代表一切的社会，对各种人越来越包容、友善。你可以40岁不结婚，也可以60岁穿着艳丽的衣服；你可以和孙辈一起喝咖啡，做他们眼中的"潮"外公、"潮"外婆，也可以推开家门说走就走，去看看世界，体验人生的精彩，拥抱退休后的黄金年代。总之，退休后可以做任何年轻时想做却没来得及做的事，这是多么令人期待的啊！

目 录

第三章　预见退休，有备而来

第四章　稳中向好的退休理财计划

第五章 重塑自己，和社会关联

第六章 退休后行动清单

附录 退休影视书籍 / 183

第一章

退休开启人生新阶段

退休，或许只是生活和工作的延长线。

退休，或许只是生活和工作的延长线

退休在词典里的解释是：职工因年老或因公致残等而离开工作岗位，按期领取生活费用。说起来，退休对每个人来讲，不尽相同。有的人到了退休年龄，却还精力旺盛，且有工作意愿；有的人没到退休的年纪，却早早决定离开工作阵地，退回家中。由于退休前的职位各不相同，职场能力也因人而异，有的人是心满意足地离开工作岗位，也有的人对退休抱有遗憾。因家庭情况各不相同，有的家庭早早买了房，子孙同堂，退休后，尽享天伦之乐，也有些人直到退休仍在偿还房贷，甚至居无定所。

而随着创业者和自由职业者的增多，"退休"的定义更广了。上班与否不再是退休的衡量标准，有些人对着电脑就可以工作，一周都不需要出门打卡上班；自媒体从业者更可以没有固定的工作地点，只需码字修图发送推文也能养活自己。他们自己缴纳社保，为这种灵活的上班形式买单。也因此，我们定义退休，也许又多了一个维度：有没有开始领养老金。在金融行业做到中层的金虹，早早对外宣称退休，却一直在外创业。直到 55 岁生日那天，银行账户上到账了第一笔养老金，她才真正意识到：自己退休了。

像金虹这样闲不住的人有很多，我们在这本书里将这个退休人群称为"新退休人士"，因为闲居在家不代表无所事事，足不出户更不意味着没有追求。即使沉迷在花鸟虫鱼的世界里，也未必没有超然脱俗的情趣。退休，或许只是生活和工作的延长线。

老年才是人生的巅峰

当我们如今谈论退休的时候，很多人都提到"60 岁退休过早了"。现代人的寿命要比过去长，从某种意义来讲，如今的 60 岁可能只相当于过去的 45 岁。也因此，那些觉得退休过早的人普遍认为，60 岁精力还很旺盛，创意源源不断，人脉资源也够丰富，正是"好用"的时候，硬是掐断职业生涯有点可惜。

"我认识日本东洋陶瓷美术馆的馆长，70 岁才退休呢！"三年前，退居二线的某地博物馆馆长吴晓力一直自称为"类退休"，他念叨起日本的同行兼朋友时，表示年龄并非退休的唯一指标。人的年龄分为生理年龄、心理年龄和骨龄。很多时候，我们觉得没问题，是生理年龄还没到。

来看一组事实：巴菲特 90% 的财富是 60 岁以后积累

的；肯德基创始人山德士上校 60 多岁开始尝试开连锁店；摩西奶奶 50 多岁才拿起画笔，她的《人生随时可以重来》一书前些年在国内出版，感动了无数人。

因此，"60 岁退休"和"变老"未必要画等号，随着科学医疗技术越来越发达，"退休"也许只是职业的分水岭。

畅销哲学书《和伊壁鸠鲁一起旅行》里，作者丹尼尔·克莱恩写道："如果我们向老年投降，那就太傻了，甚至可以说是懦弱的表现。"

"我周围很多同龄人依旧在做年轻时的工作，往往比之前还要努力。另外一些人，背着《死前要去的 1000 个地方》东奔西跑；还有一些人报班学法语会话、培养慢跑习惯。甚至还有人通过整形、打激素来保持年轻。" 丹尼尔·克莱恩在书里写道。因为古希腊哲学家伊壁鸠鲁就认为，老年才是人生的巅峰，是人生所能达到的极致。

当然，每个人的身体状况不一样，不是所有人到了法定退休年龄都还保有体力、精力和兴趣，所以，"按时退休"还是应该受到尊重和友好对待。

换个法子不退休

退居二线的吴晓力虽然不用打卡上班，但他似乎比在任时更忙。

省里的博物馆评审、业务咨询，乡村博物馆建设考察和指导，以及他和杭州国大城市广场联手打造的"心中的宝藏"项目——他召集了全省各大博物馆馆长前来分享，将博物馆背后的故事告诉大家。最近，他在为国家二、三级博物馆评估打分做最后的忙碌，每天都有规定数目的材料要看。所有这些都够他奔波的了。没了身份的限制，他做起来更自由、松弛。自己在文博行业的影响力也被更充分地释放了。

吴晓力觉得，以前老一辈的人退休后就没声音了，退休，真的成了消失，往往是因为没有专长。但这一辈人不同，他们还有自己的活法——"我现在很多时候在拒绝，很远的地方的文博行业叫我去，我觉得不能离家太远。"退休后的吴晓力将一半时间回归家庭，陪伴老母亲和妻子。

很多年前，我在杭州青年路和解放路交叉口这样的黄金地段，和朋友开过一家 24 小时书店，看到了各式各样的在深夜来到书店的人。有位老刘，一般都在夜里零点到达书店，凌晨三点抱着打包袋走出书店。

他是一名刚退休的夜班编辑，我们聊天时，他告诉我说："一下子退休，不用上夜班，看上去是该安享晚年了。但是，哪里睡得着噢。喏，就像现在，家里老太婆要睡觉，年纪大睡眠轻，我翻一页书她就会被吵醒。"直到他发现家门口开了家彻夜不关的书店，颇感兴奋，终于有地方收留他。

我后来留意过，这位老编辑来店里的时间相当规律，周一到周五就是半夜来三个多小时，周末不来，因为孙女要去他家。这种来店里的频率像极了上班。

退休的仪式感

电视剧《请回答 1988》里，德善爸爸要退休了。那一天，公司没有欢送仪式，德善爸爸很失落。没想到，胡同里的人都出来了，隆重地送了花。而且，邻居们还为他举办了风风光光的派对。女儿德善为爸爸准备了一个奖杯，细数了爸爸整个职业生涯中的奉献。

公司和邻居形成了鲜明对比。前者没有任何表示，员工独自默默退场；后者却充满了肯定。我们认为，退休不能是悄无声息的，这不仅是对退休人员的尊重，也有助于维持正常友好的人际关系。

《退休后》一书的作者楠木新在退休当天，早早抵达公司，各项杂物整理完毕后，上午去客户公司告别寒暄，回公司后和同僚共进午餐。晚间是告别仪式，楠木新用猜谜的形式以防止场面过于煽情。之后，大家送别楠木新，直至电梯口。

回到家后，妻子帮丈夫将从公司带回来的私人物品和同事送的花束收好，这时，小三岁的妹妹快递来了花束，祝贺哥哥退休。花束上附着一张贺卡，写道："这些年，为了家庭，你辛苦啦！这里面嫂子的功劳也很大，我们非常感激。祝福你们，退休之后也请继续快乐幸福地生活吧！"

所有这些都是人生中非常重要的一部分，几句感谢的话语和祝福的鲜花，比奖杯奖状更合适。

退休后的三个阶段

日本作家楠木新在《退休后》一书中描绘过退休后的三个阶段，分别是退休后至 74 岁，75 岁以后，以及人生的最后阶段。

第一个阶段，虽然被贴上了"退休"的标签，但体力上和过去并无太大差别，身体健康，生活自主，同时摆脱了繁杂工作，家庭扶养义务也告一段落，尽管不同的人经济能力有所不同，但在某种程度上都算是真正解放了。日本作家森村诚一用"誉生"来形容这个"做什么都可以"的阶段——可以做自己最想做的事，也可以做之前一直想做却由于家庭或者工作原因未能做的事，这样的人生才有意义、挑战和荣誉。

和"誉生"相反，如果在退休后不得不混日子，或者"什么都不做也可以"，也就只能是"余生"了。

但在 75 岁之后，身体条件受到一定限制，可能要开始过接受他人照护的生活，此时的考量重点是"如何借助他人力量活得精彩"。如果是居家养老，或许可以选择一处风景更好的地方，不用走太多路，出门就有景色。当然，很多老人也许并不愿意搬离熟悉的地方。

在国内，曾任康养公司 CEO、中国连锁经营协会大健康委员会副主任的朱伟也认同退休后的三阶段，从"追求生命厚度"到"渴望生命长度"的划分很有必要，促使养老产业要有相对明确和具体的分众。早年美国就已出现持续照料退休社区（CCRC）模式，其最大的特点是灵活自主。根据老人的状态，针对自助型老人、介助型老人和介护型老人分别照料和管理。

在朱伟看来，这种分类最大的好处是避免"交叉性养老"，老人不会三天两头看到身边有人去世而产生心理阴影。

什么时候开始为退休做准备

做规划，就是防止退休变成一刹那的事。

试问身边的中年人，你们准备何时开始规划退休后的生活，得到的答案往往是"后面我会认真思考""很快会想"，或者是信奉随遇而安，认为车到山前必有路。事实上，无论何种事业、何种生活，转变和适应都需要花费一些时间，这中间还会面临无数次试错。因此，退休后才思考显然太晚了，越早开始规划，越有利于解决退休后的问题。

"退休人员无缝对接难，有两个层面：一是突如其来的空虚与失落感；二是在大致解决了前一种心态后的问题，新的生活方式的选择困难感。"刚刚退休的政府官员，同时也是作家协会成员的张林华说。他在退居二线时专门做过这一代退休人士的观察。

退休后立即改变生活习惯，投入新的生活，无论对谁都很难做到，50岁开始计划也许是个合适的时间。我们从几位退休人士这里得到一些顺利过渡的方法。

退休的落差无非是，一下子从办公室到家里，一下子从很忙到很闲。如果这个时候家里有了第三代，或许是一个分散注意力的好方法。

花姐退休那年，孙子刚刚出生，她潇洒地宣称："从现在开始我要锻炼，有个好身体，回去带孙子。"

孙子带了两年，花姐的先生也随之退休，她明显感到先生的从容过渡。

"我之前常听到退休人士的抱怨，里里外外的，我们家倒是过渡平稳，很大程度上得益于有了可爱的小宝宝，让我们觉得生活依然美好。"花姐觉得，人到退休，亲情能化解无数困惑。

花姐提到她的前领导，退休后生活就没了重心。家中女儿还是单身，迟迟不结婚。自己内心是想和别人一样，打麻将，喝小酒，放浪不羁。几次下来发现实在不喜欢，却又不知道该做什么，每天都很颓废。

吴晓力在度过了"退休困难期"后，也把一大半时间投入到了家庭。每天下午会去隔壁单元看望 90 岁的老母亲，陪她在小区散步。老母亲也比原先更有精神，每天盼着儿子。吴晓力意识到，回归家庭是有愉悦感的。

当然，升级为祖辈或是回归家庭，不是靠自身努力就能完成的，还要看子女的意愿。但发现生活的美好，以及巧妙利用身边的资源，却是可以提前计划的。

负责对外宣传事务的闻午还有两年正式退休，年轻时他曾援建新疆，在阿克苏地区生活了很多年。除了写下漂亮的文章，拍下无数张新疆的美照，还尝到了甜蜜的新疆水果——那是江南一带怎么种都种不出来的，所以每次带水果回家都被疯抢光。

援建结束回到原籍后，闻午和阿克苏人民一直保持联系，每隔几年回去一次，平日里也有对公的支援。早几年退居二线的时候，闻午就在琢磨能拿这些甜蜜的水果做点什么事情。去年2月，他正式注册了公司，建了一个冷库，开了一家社区水果店，专卖新疆水果。初试零售业，闻午很有信心，也为退休后找到了落脚点。

"我马上就是个卖水果的老汉了，有人想听的话，就给他们讲讲新疆的故事。"闻午规划着退休后的生活。

金子是浙江一地的文旅局局长，退居二线的时候，当地刚好成立了风俗文化研究会，邀请金子成为会长，这让金子从容过渡到了退休。

成为研究会会长后，各行各业的人都来找她：做民宿的觉得应该做出当地文化，常来找金子聊天；教育机构认为孩子的人文素养应该从本地文化培养起，来找金子合作，制定研习课程……对金子来说，这些忙碌足以抚慰她退休后的失落。

但如果到退休当天再开始寻找下家，或是笼络人脉，显然是来不及的。

也有一些职业天生自带"退休后也不闲着"的气质。张林华特别庆幸还有个"作家"的身份，这是他在很早以前就具备的爱好和专长。退休后，有了更多时间写作，空虚无聊感都很难找到他。这也启发我们，年轻的时候培养一技之长很有必要。

退休多年的莎莎本就是一介女工，但她手巧，会做很多好看的衣服。本来以为网购时代的衣服越来越便宜，这个技能肯定没什么用，没想到这几年又流行起了"手作"。年轻人买了布料，跟莎莎描述中意的款式，或是给出一些图片样本，莎莎很快就能做出理想中的衣服。

每个人的故事都不尽相同，但对于退休后的规划离不开四大主题：

第一，资产方面，切实做好养老资产管理。

第二，内部关系方面，要和共度余生的配偶建立良好的关系。

第三，身体管理方面，保持好的心态，注意锻炼身体。

第四，外部关系方面，由于退休后时间增多，要培养兴趣爱好或者开拓新的事业。

我们将退休前的演练称为"助跑"，有效的助跑，会让后面的跑程更有力。

变退休为蜕变

人们很容易认为人生最辉煌的时期是 40 多岁，在公司里做着高管，风光无限；即使不是，也是部门熟练工，无所畏惧。其实不然，这只能算是职业生涯中的光辉时代。就人生整体而言，最重要的是 60 到 75 岁这个"黄金 15 年"。人到 60 岁，积累了的诸多人生智慧，终于是时候大显身手了。

有一位居住在东京今年 57 岁的北京阿姨。每天发布自己的视频，伴随着咯咯的笑声，先来一句"早上好"，接着开始当天的穿搭或妆容分享。阿姨穿的都不是大牌，很多是她自己用缝纫机做的旧衣，也有女儿的衣服，她的本事是把普通的衣服通过叠穿等方式，搭配出大牌的感觉。也因为她的娓娓道来，让视频变得很有趣，难怪有人说像在追日剧。

阿姨提到，日本的退休年龄和中国差不多，但是退休金只有以前的 1/5，要想维持过去的生活，大家都在打工。而她则在退休后，做起了视频博主。一开始只是尝试，没想到人气越来越旺，她也开始接一些广告，有些有直接的现金酬劳，有些是保健品和化妆品的体验，喜欢和大家聊体验，就像个邻家大姐姐似的。外在的忙碌，内心的充盈，也在无形中改变了她的心态。她说自己已经不管先生的饭了——对在日本生活的女人来说，是不小的突破。

过去的经历，总让阿姨觉得是自己把一手好牌打烂了，只是没想到，退休后突然逆袭了。

有些人退休后在身体素质上实现了"蜕变"，或许要得益于退休后的时间自由。比如我母亲通过练习瑜伽，过去的坐骨神经痛、腰酸背痛都不见了。更重要的是，瑜伽房的同伴让她找到了新的朋友，很多时候她都提前半小时甚至一小时到，和朋友们在瑜伽房里热身谈天，练习完，洗完澡，回到家倒头就睡。

退休前她也尝试过瑜伽，只是常被打断。直到开始领退休金，她突然想开了，关掉手机，瑜伽房一待就是大半天。

这里我们并非讨论瑜伽的好坏，只是选对了喜欢并且适合自己的运动方式，专注于此，没有杂念，身体或许真的会向好的方向走。

有人计算过，60岁之后，人生的自由时间长达8万个小时，这个数值比从20岁工作到60岁退休之间的实际劳动时间总和还要多。因此，退休后的时间真的相当可观。要实现蜕变，仿佛也的确拥有切实的基础。

　　而我们也很容易找到更多"老年才是黄金期"的证据。古希腊哲学家伊壁鸠鲁曾说过，幸运的不是年轻人，而是生活美满的老人。因为青壮之人朝三暮四、心猿意马，老人则安靠于港湾中，坚守真正的幸福。

第二章

退休后，把生活
过成想要的样子

人生是用来体验的，喜怒哀乐都尝遍才不
枉来世间一趟，所以要有趣地活着。

退休后卖饺子、开民宿

样本：金虹
退休时间：1 年
退休前：银行部门经理
退休生活：卖饺子，开民宿

"好在我已经领退休金了，不会再为五斗米折腰了。什么项目不项目的，于我只是锦上添花。"金虹躺在新疆吐鲁番八风谷民宿的露营椅上，一如她说的，气定神闲。没想到有一天退休金成了她最大的底气。

金虹一直在银行工作，做到了部门经理。做事认真，追求完美，领导信任。但其实，说不上热爱，工作就是她那个年纪一场顺势而为的行动。

上级越是信任，金虹越是觉得自己过得焦虑。清晨三四点就醒是常有的事。一度乳腺小叶增生厉害，她觉得再下去怕是要乳腺癌了。

50 岁不到，她对上司说自己要提前退休了。

上司总觉得这么能干的人要辞职，肯定是有更好的去处，谁知金虹告诉上司，自己要回去包饺子了。

金虹没有诓领导。那两年，她的确迷上了包饺子。

自己擀的薄面皮，土猪肉做馅儿，很少加调料，让人放心。一开始是身边朋友觉得好吃，获得肯定后，金虹会随性发个朋友圈"掌柜今天要包饺子啦"，订单就源源不断。一开始老客占了多数，金虹还为他们定制口味，谁家的咸一点，谁家的放点辣，这样一来，买饺子的人每次都能吃到自己想要的口味。

最初只服务于社区邻居，饺子做完了金虹就拿到小区门口；后来，她定制了一些盒子，一盒 18 个，做完直接放速冻，江浙沪一般当天或者隔天可以送到；再到后来，还接到过山东和天津的订单。金虹笑说："你们北方人居然到我一个南方人这里买饺子！"

退休后更想依靠自己的力量

美食很神奇，只要好吃，大多数人就主动发朋友圈传播，金虹手工饺子的粉丝和订单翻倍增长，都是朋友和朋友的朋友。

这种不受拘束的劳作让金虹获得了久违的舒适感。想包饺子的时候就包，想出去玩也不会有人记她缺勤。更重要的是，赚的钱一点都没少。

前脚刚离开银行，金虹就高调宣布自己退休。只不过，她并没有在家包饺子。

2017年，民宿正在全国风起云涌，好朋友正在创业，要搭建一个民宿预订平台，前期需要大量内容。金虹会拍照，会写文，更重要的是退休在家很自由，便应邀成了民宿试睡师。职业习惯没让金虹成为那个在山野醉生梦死的人，她总是不自觉地，一坐下来就算人力成本、分析运营模式。一来二去，变得比管家、店长甚至老板更懂民宿运营。

当时，莫干山有一家民宿，硬件很好，但没人运营。合伙人之一找到金虹，直接跟她说："民宿里可以让你一直包饺子。"金虹真的去了，从杭州搬到了莫干山，用尽了公众号红利。暑假爆满还不算什么，淡季还一房难求——调转枪头主打亲子，并亲自为孩子们拍照，当天就可以给到照片，让民宿口碑传了千里。

有一次，金虹退休前所在银行的行长来到莫干山，试图让她回心转意。

"你包饺子也算了，还到山里来做民宿，你看，我到了后，你一直忙前忙后，铺床、做饭，难道办公室主任不好吗？"行长问。

"不好。我就喜欢这种生活氛围。"金虹直接回绝了老领导。

在金虹看来，民宿虽然事情琐碎，但体量小，可以靠自己的力量去改变，去突破，极有创造感。

因为一些原因，这家民宿后来没能做下去，金虹倒是把自己的名气打了出去，各地民宿都请金虹去把脉。金虹成了民宿界的专业咨询，从老板有开民宿的想法开始，到民宿可以正常运营后退出，中间包括物料、人力、宣传等大小事。边玩儿边赚咨询费，看到好的项目，金虹自己也投了些股份。

金虹的创业点遍布全国，因为既定的民宿总要开，咨询断不了，让她这几年收入不错。更让她喜出望外的是，工作忙碌、强度高，反而让"药罐子"金虹变成了"铁人"。

"做这些事，大家气场相通，不费劲。心情一好，啥病都没了。"退休后，金虹去体检，指标比上班时好得多，全部正常。和二十几岁的人打羽毛球，完全不输体力。

好心情治病，多少让人羡慕。想来也只不过是转念一瞬间的事，只要你肯把当下断舍离。

将近 50 岁的人跑去了新疆

2019 年年底，在上海做外贸的朋友在吐鲁番盖了房子，找不到运营的人，便请金虹去"诊断"。这位朋友曾经帮过金虹很多忙，金虹不仅没有收费，还免费赠送了一个调研报告，甚至把自己也留在了吐鲁番。

金虹的斗志被燃起，毕竟只要自己动动手指，市场就起了反应。

这家在吐鲁番的民宿叫八风谷，初创期是冬天，最冷的时候进场，金虹吃过不少苦，还不算文化、地域差异。她要么在新疆一待半个月，要么频繁来回，飞五小时，早已成了习惯。她认为老板一直在现场，会让团队成长得慢，有时候飞过去，现场工作两天就又走了，把更多时间留在线上。

后来民宿做出了名气，金虹又开始深度体验目的地，成了新疆通，既为民宿做辅助服务，顺便自己也玩了一把。

2022 年，金虹收回了散落在全国各地的投资和服务项目，一门心思经营八风谷，而八风谷也没有让金虹失望。

退休后的创业要分分钟可以暂停

2023 年 7 月，金虹收到了人生第一笔退休金。她发了个朋友圈——感觉以自己的消费习惯是花不完的。

八风谷已经趋于稳定，不去吐鲁番的时候，金虹尽情享受生活。睡醒了后，中午去娘家，母女俩一起吃饭，再睡个午觉。起来后就去打羽毛球，再回到自己家。金虹的女儿在澳大利亚念研究生，金虹十几年前离婚后，现在有一份稳定的感情，洋溢着独立感的幸福。

饺子还在包，依旧看金虹的时间和心情。也有很多朋友好心地给过建议，比如把速冻饺子产业化，还把她的饺子和老干妈、湾仔码头相提并论。但金虹并不想被生意牵绊，包饺子的初心也不是赚大钱。她跟朋友说："你们不要跟我说商业模式，我要的是分分钟可以关掉去旅行的那种感觉。"

人生是用来体验的，喜怒哀乐尝遍才不枉来世间一趟，所以要有趣地活着。

退休创业的几点叮嘱

✕ 要有止损的果断

我自投并运营过一家深圳的城市民宿，生意很好，就算疫情防控期间也有 70% 以上入住率。但和股东之间产生了矛盾。虽然身边人都觉得我应该强势一些，把对方赶走，但我觉得以我的能力，到别的地方开个店，分分钟的事，就不在此处消耗了。止损是很重要的品质，我的断舍离很厉害，所以没把自己框住，随时可以脱身。

✕ 留好养老本钱

刚刚提前退休那会儿，我自己买社保、大病医疗保险，要给自己留好退路。后来创业做民宿，我也不会盲目投资，要看准产权，接下去的路就会比较好走。我一定会控好风险，不把大部分身家都投进去。已经到了领退休金的年纪了，要为自己做好养老的储备。

♚ 要有强大的自驱力

我在银行工作的时候就一直在考证、学技能，坚信学到自己身上的东西谁都拿不走。退休不意味着躺平，离开体制后，依然保有体制内自律的习惯，没有拖延症，当日事当日毕。身体健康是本钱，这些年一直坚持运动，控制饮食，保证充足的睡眠。女儿出国上学后，考虑到将来会有出国和她一起生活的可能，有三年时间每天雷打不动在线上学英语口语半小时。

"玩具"取悦自己的退休生活

样本：潮大叔

退休时间：7 年

退休前：国企公职人员，自由钢笔画家

退休生活：玩咖啡机、火炉等"玩具"

潮大叔 60 岁就从体制内退休了，这是他期待已久的事。

去年冬天，67 岁的潮大叔迷上了火炉，算是对小时候喜欢玩火的延续。他先买了一台高颜值的绿炉柴火炉，搬回家后发现皮薄、漏烟，室内使用容易出问题，跟自己说："就当交了一笔学费。"紧接着又买了两台——绿炉蝴蝶炉，以及号称"柴火炉界天花板"的绿炉幻想炉，再加上火钳、铁网桌、防火手套、防火棉毯、烟囱弯管等道具，花费万元。

我去拜访他的那天，他们的朋友，一对年纪稍小一点的空巢夫妻，脱了外套，坐在炉边烤火。潮大叔的夫人——童老师正在炉边烤橘子。潮大叔在咖啡机前做咖啡，兴之所至，在咖啡上画起了画。火炉治愈了冬日的阴冷，这是潮大叔理想中的退休生活。

潮大叔的咖啡快速"出圈"

在被叫"潮大叔"之前，我们的主角徐亚华有个名气更大的画名——耕夫。他是中国写实钢笔画"北杨南徐"里生在南方的老徐。用一支纤细的钢笔，画出了油画的味道。五十出头的时候，对于事务性工作无感的潮大叔"争取"去做了下派干部，到乡镇当新农村建设指导员。一到乡下，生性自由的潮大叔就放飞自我了，无忧无虑。除了离家稍远，已经提前过上了退休生活。好不容易到了60岁，赶紧办了退休手续，无缝衔接，丝毫没有任何不适。

正式退休的他开始装点自己的小世界。

彼时，眼睛已经画伤，潮大叔几乎很少再碰画笔。他也想得开：这是自然规律，总有一天你要停下的，不如早点留时间，做点更想做的事。

早已玩过了相机、口琴，长年痴迷于健身器材，这几年，潮大叔迷上了咖啡。买了一整套咖啡机，像当年自学绘画一样，学起了做咖啡。

可能并不是冲着某个目的去的，又加上是自家喝，新鲜的豆子配上好的牛奶，很快，潮大叔的咖啡就"出圈"

了。第一次，十多年前就玩咖啡的老饕来家里做客，赞道："好喝，醇厚！"第二次，童老师的朋友来玩，喝后赞叹："你这咖啡，值得慕名而来啊！"潮大叔开始对自己做咖啡的水准有点数了。

上一次这样通过外界反应衡量自己的水平，还是汶川地震那年，他的赈灾钢笔画《等待》被香港人以一万元拍走用于捐款。

越是钻研，越没有尽头。潮大叔一边拆了咖啡机自己研究原理，一边又陆续买了一套咖啡机和磨豆机。现在，两套机器平放在原本写字的书桌上，价值不菲。妻子童老师总是半开玩笑地说："就因为这些咖啡手伴，我至今还开着小破车。"

童老师把潮大叔的玩具都称为"手伴"，"潮大叔"这个名字也是童老师起的。她觉得，眼前这个老头和退休、衰老、迂腐没什么关系，反倒是思想超前。作为一个素人，潮大叔在网络上人气很高，以咖啡为主，偶尔发几张旧画作，立刻引来路人发私信要来购买。

有了咖啡这个媒介，到潮大叔家做客的朋友越来越多。不过，大多是童老师的朋友。

童老师生性随和，有着超乎年龄的视野和见解，对于好玩又有艺术气息的潮大叔身上的执拗和乖僻有着极大的包容。她的朋友有老有少，有性格稳妥的，也有咋咋呼呼的，在潮大叔看来，都比自己那帮老头子狐朋狗友靠谱。

不出家门，构建美好退休生活

人类学家、德国马克斯·普朗克社会人类学研究所所长项飙有一个"最初 500 米"理论，号召大家重新观察第一个把我们和世界联系在一起的 500 米，这个从个体出发的行动旨在重建附近，恢复城市的生态性。

"最初 500 米"是"最后 500 米"的反面，不是从权力或者资本中心出发，而是从你出发、从每一个个体出发，从我们开始去看我们身边的 500 米，也就是第一个把你和更大的世界联系在一起的 500 米。比如说每天早上你跟电梯里的那些邻居是什么关系？你出门的时候跟那些保安是什么关系？你跟你每天早上经过的早点铺的店主是什么关系？

潮大叔似乎就是"最初 500 米"的践行者。退休后并没有浪迹天涯，很多时候连家门都不出，却在家构建了无比惬意的退休生活。

子女不在身边，几乎没有生活琐事的困扰，他们的家干净、整洁——一进门是潮大叔的健身天地，西屋水阻划船机、水力划船机、综合健身器，冰箱上贴着严格的健身计划。从小体弱的潮大叔多年坚持健身，有着迷人的肌肉。而强健的身体，对他来说更是老后的保障。

再往前是咖啡区，潮大叔自己喝拿铁居多，加奶的咖啡顺便用来补充蛋白质和钙，喝完一半，拉花还挂着杯。旁边是一张宽大的老木头桌子，潮大叔在桌前看书，喝咖啡。再往外就是阳台，放着火炉子，还有一个小花园，冬日已过，茶花冲破花骨朵，张挺了花瓣，总有春光明媚的一天。

年轻的时候，总觉得外面的世界很大很精彩，生活仿佛成了集邮，多去一个地方就是资本。也只有经历了时间或是巨变，近在身边的家才是理想的栖息地。不一定要去远方，生活还可以这么美好；不一定要高朋满座，生活也可以静好如初。

玩得开心并不需要太多钱

退休已经 7 年的潮大叔穿新百伦 992 的鞋，和他玩过的烤箱、空气炸锅，还有满满一盒不同调的口琴一样，都很"败家"。那么，快乐养老是不是要很有钱？潮大叔觉得不是。他不买房，房子够住就行。他也不抽烟、不喝酒。潮是什么？是人生在世，及时行乐。

正如建筑大师勒·柯布西耶说的，房屋一定是生活的珠宝盒。潮大叔和童老师将自己的"珠宝盒"打理得安适且富足。朋友相见，不必费尽心思寻地方，不会因为公共场合的各种问题而毁了好心情。家中做客，既是最高的礼遇，又是大浪淘沙后的真挚情谊。

再过几年，童老师也要正式退休了，退休后的无聊、不适也没能吓到童老师，过去的几年，潮大叔已经让她自动适应了在家中的退休生活。

潮大叔和童老师的故事很像中国版《人生果实》。《人生果实》是日本的一部纪录片，记录了一对在屋外种树和蔬菜的老年夫妇，平静而平实的日常生活。影片开头说："风吹落枯叶，枯叶滋养土壤，肥沃土壤帮助果实，缓慢而坚定地生长。"潮大叔和童老师虽然比片中主人公年轻，但在世俗的眼光看来，也已年过半百，却看不到一丝年华老去的生活窘态，看到的是认真过生活的朴素日常。再普通不过的日子，却让人无限向往。

睡前两根棒冰的退休生活

春末夏初的午后，我又去了一次潮大叔家。下午两点，他刚刚在椅子上睡了20分钟。窗外的阳光透过院子树林洒进屋里，静谧安稳。潮大叔在原本围炉煮茶的地方支起了两个折叠椅，足不出户也有露营的感觉。

要做个生活玩家，才会热爱生活。

"昨天下午煎了两块牛排，睡前吃了两根棒冰，我觉得我的生活太好了。"潮大叔快乐地向我汇报。

人生的果实不止有一个，钢笔、咖啡、火炉、口琴、相机、划船机、杠铃都是养分。汲取营养，开花结果，又埋下一颗新的种子，如此循环。

每一个迷茫在人生十字路口的人，或许可以和潮大叔一样，和喜欢的东西做伴，与自然亲密接触，生活难题也许就会迎刃而解。

退休居家的几点叮嘱

⚰ 不要过度关注自己

退休后在家，有了更多和自己相处的时间，但不要把注意力集中在自己身上。忽略刻意的养生，以活出快乐为主，反而活动轻松，寿命自然也就长了。我不太去体检，可能你觉得我有点极端，反正我不想人生最后阶段是在 ICU（重症监护室）度过的。

⚰ 要正视自己的老去

退休头几年，我画了很多画，那是我人生中钢笔画产量最大的时候。我也觉得，退休真好啊，有那么多自由的时间可以创作。但没过多久，眼睛就不行了，我没法看太细的东西了。这也是我后来玩咖啡的原因。我相信，随着年纪越来越大，这种"没想到"会越来越多。但人不能自暴自弃啊，你得承认自己的老去、身体机能的退化，然后找到新的替补。

⚜ 选择自己的朋友

我们很少出去，大多在家里"做窝"，这在很多人看来或许是闭塞的，但这是我们自己选择的生活。也因此，我们尽量和有同样性格脾气的人打交道，喜欢我们的人常来家里做客，没有特别要紧的事，大家烤火、喝咖啡就很好。活到这个年纪，不想听到批判的声音。

打"飞的"打卡各地博物馆

样本：阿乌

退休时间：1年（半退休状态两年）

退休前：金融机构管理层

退休生活：博物馆旅行

距离 55 岁退休还有两年半的某天，阿乌顿感职场疲惫，然后辞职了，对外说："从此退出江湖。"没过多久，她就开始了博物馆打卡之旅，直到现在。

过去三十多年，阿乌在金融机构工作，收入不错。48 岁那年，她觉得自己还有很多新思路，因此从国有银行跳槽到了城商银行，以便获得更大的成就感。新的岗位带来了新的机遇，却也让她倍感疲倦——每天要在公司金融、投行业务、同业市场、托管银行等领域不断切换，还要应付餐桌文化。尤其后来工作繁忙，最多一天见一百多个人，这直接导致她开始了脸盲、间歇性焦虑、逐渐社恐。这也为退休后的博物馆之行埋下伏笔——不用与人接触，与文物对话，徜徉在中华文明的历史长河中。

阿乌其实可以 55 岁退休的，退居二线，打卡上下班，或者去下面分行任个职，但考虑到上有 80 多岁的父母，换个城市上班会有牵挂，索性辞了职，去办了个"灵活就业人员"。

辞职那天，老公看着她放弃了前老板承诺的高额年薪，故意笑她："你就不能委屈一下自己？你怎么不为家里做点贡献？"

阿乌说："还是让我尊重一下内心吧。"

给自己一件退休礼物：去陕西历史博物馆晃两天

辞职后的第一站，阿乌选了西安，在陕西历史博物馆晃了两天。

阿乌从小喜欢美术，迷恋古董，过去逛书店时常会去看青铜器、高古玉方面的书。虽然工作繁忙不能实现博物馆自由，但那时阿乌就认定博物馆是个神奇的地方，因为书上的那些文物都标注着"原件如今存放于××博物馆"。而那些青铜器上的篆书铭文更让阿乌觉得有意境，那一笔一画，彰显历史代入感。

陕西历史博物馆藏品丰富，一次看完一个展厅已算不错。它无疑是迷人的，对阿乌来说，既弥补了作为理科生在文史知识上的欠缺，又获得了独白的静心时刻，那真是对退休最好的礼赞。也因为文物的博大精深，后来阿乌每次去新疆、西藏，都会在西安中转，就为了去博物馆朝圣一下历史悠久的中华文明。

以博物馆为目的地的旅行让阿乌获得了一种在地体验感。三星堆博物馆展现了古蜀文明，青铜大立人像和铜纵目面具仿佛穿越时空，讲述古老的秘密。博物馆也因为联动、合作常常给人惊喜。有一次在广东博物馆正好看到了和敦煌博物馆的合作临展，不去西域也能看到当地展品。阿乌有一本博物馆护照，还有各地博物馆文创店买的小账本（用来盖章留念），目前已经打卡近百个国内博物馆。

打"飞的"的博物馆旅行，说走就走

大小博物馆去了一圈，关注了众多文旅公众号，便会时常收到推送——新疆轮台的小白杏熟了，是不是该去一趟？烟台樱桃上了，为什么我还不去？ 5月底去烟台看蔷薇花、拍海鸥，6月去威海徒步海岸线，阿乌总是背着双肩包，打个"飞的"，说走就走。

得益于退休前高强度的出差，阿乌熟谙各种票务预订。她总是事先做好时间规划，在当地参观博物馆，再坐上公交车认识城市的角角落落，逛逛咖啡馆和集市，吃吃当地美食，或是订一个当地一日游小团，一周左右就回家。

她不做路上的苦行僧，及时回家休整。陪陪父母和家人，吃顿家常菜，在健身房泡几天，再背上行囊出发。退休、女性、独行，这些标签无不在描述一个弱势群体，阿乌也时刻将安全放在首位。

从旅行得到的灵感，下一个十年的规划

55岁那天，阿乌接到了社区电话，让她去填一份表格，就意味着正式退休了。有一天晚上，阿乌试着在线提取住房公积金，第二天早上就到账了，她心里美滋滋的，又可以去旅行了。

"退休挺好的。"阿乌毫不扭捏地承认自己是退休人士。对目的地的期待，比对金钱更甚，在以博物馆为主线的旅途中，她获得了极大的满足。

有时候，阿乌也觉得孤独害怕，在四川看到一对退休的夫妇结伴旅行，她也心生羡慕。但一想，老公还没到退休年纪，儿子正在奋进的时候，身边人也叫不动——她们退休后要去练太极、舞剑、跳广场舞。那就继续一个人的旅程吧。

接下去她会以参加博物馆的活动为主，顺带"温习"

一下长时间未再光临的博物馆。她有个想法，为贫困孩子提供博物馆研学的机会。她每次在博物馆听到家长给孩子讲出的错误信息，都觉得很遗憾。也因此，儿子和她开玩笑说万一以后要奶奶帮忙带娃，阿乌说："那我就把孩子带去博物馆，天天混迹在那儿。"这也是阿乌对于退休后下一个十年的规划。

退休旅行的几点叮嘱

✗ 没有哪里非去不可，一切都是最好的安排

有一次去新疆和田，居然遇到了沙尘暴，刚准备打道回家，却巧遇了前同事。前同事觉得来都来了，必须玩够再走。我却觉得，两米外都看不到人了，也太危险了吧，还是安全第一。

我这个前同事家里条件非常好，对玩很执着。比如，早上6点一定要起床去看风景。我就比较随性，如果前一晚累了，早晨就多睡会儿，宁可早餐不吃了。我更倾向于多去几次，每一次都不要把自己折腾得精疲力尽。

6次新疆、3次西藏、5次烟台、4次青岛、2次大连、5次长白山、6次内蒙古、7次西安……每次一个博物馆和一个目的地，光是洛阳龙门石窟，先后飞了两趟，我觉得这样才能比较松弛。

✗ 在靠谱平台预订，拒绝非理性拼团

一个人出行，我一般会订博物馆附近的酒店，既方便，又靠谱。有一次，人在西安，得到布达拉宫开放预

约的消息，便直接飞了过去。去高原，我一般会事先准备，提前半个月吃红景天胶囊。那次太临时，我就选择了有弥散氧功能的拉萨瑞吉酒店。虽然贵，但周身舒服，吃得也好。趁有体力，赶紧去了一趟布达拉宫。

预订一日游我也只找靠谱的官方渠道，选择成交量大的团。当天团，不过夜，不在社交媒体找私下里的团，是我的原则。在外我也很少拼车，安全第一。

▮ 平时注意锻炼身体，等待下一个美景

不在路上的日子，我一般就在家休整。游泳、跑步、练器械，把身体练好，才能有体力在外"浪荡"。博物馆之行是个很耗体力的行程，全程站立且没有地方坐。如果准备去极端地区，则会提前做准备。去拉萨前两个月，我就会主动停止运动，喝红景天，相当于躺平两个月，让身体逐渐适应高原。

做一名书店小店员

样本：孙勤

退休时间：2 年

退休前：图书馆馆长

退休生活：书店店员

　　冬日南方的太阳温温弱弱的。清晨熹微，但意味着是个大晴天。孙勤喜欢这样的清晨，湘湖边是清冷的寂静，比起夏天，少了一大截，不管怎么说，冬练都要更艰难一些。以前在图书馆工作时，孙勤也是早到的那个，洒扫庭除，但没有眼前的湖光山色。

　　等太阳西斜到中午的时候，日光就能透过大幅玻璃窗倾洒到书上。孙勤在大幅窗边设置了一个"雅座"，正好可以晒背。旁边搁着一大摞书，小炉子上花茶咕嘟咕嘟烧着，人就像被包裹着，温暖，有安全感。

　　书店里有个常客，每周六来坐一上午，也是这个位置。孙勤觉得，她也是幸福的。

　　到了夏天，气氛就更热烈一些。湘湖边凉快得很，孙勤慢悠悠地把过了一晚露水的桌椅擦净,身上总会出点汗。

书店分了好几个独立的空间，把每间的门窗打开，坐下泡杯茶，神清气爽，从容自在。

旁边城山广场小卖部有个小姑娘，有一次特地过来跟孙勤说："阿姨，你这个人有才气！你来了后，这一带人就多了。"孙勤哈哈大笑，说："哦，那不叫有才气，我这是有人气。"

从图书馆馆长到书店小店员

孙勤所在的这家书店是杭州老牌晓风书屋的第 N 个分店。筹开的时候，孙勤就作为"同系统中人"介入过，因为她是本地人，也从事和"书"有关的工作。

那时，她是萧山图书馆馆长。

20 世纪 90 年代初北京师范大学毕业后，孙勤回到原籍浙江萧山，任职萧山图书馆。业务强，人缘好，后来成为萧山图书馆馆长，一当就是 11 年。

孙勤很喜欢这份工作，她也树立了自己的工作风格：她会给大家搭配好，比如，住城里的和住城郊的搭班，要考公务员的和家中有孩子的，以及即将退休的人搭班。这样，总有人会送完孩子早点来，总有人不那么功利，做事靠谱。

如果不是晓风书屋，既位于湘湖这么绝美的地段，又不同于图书馆可以直接面客，或许她会一直干到 60 岁。

这几年，书店老板找孙勤"诉苦"——没生意是其次，卫生问题特别糟糕，仿古的房子里结满了蜘蛛网，不忍心抬头看。

孙勤觉得可惜。书店位于湘湖边，又在丛林绿意里，颇有王维"独坐幽篁里，弹琴复长啸"的意境，卫生差实在糟心。孙勤趁休息日，一个人把书店里里外外打扫得干干净净。

老房子挑高很高，房屋结构复杂，一个接近退休的阿姨这么凶猛，直接吓跑了当时管店的年轻人。这样一来，书店没主人了。那年夏天，孙勤休假，便以"义工"的身份，在书店干了一段时间。

"我一辈子做导读，却一直是隔着屏幕——我们做好了图书的分类整理，通过网络告诉读者，读者来图书馆选书。但我们是无法把荐书的理由亲口告诉读者的。"孙勤说，"但在书店，和人的交流非常直接，我有自己的摆书逻辑，自己为客人们挑书、荐书，这太过瘾了。"

同是和书打交道，书店让孙勤感受到了另一种开放和自由。

这时，原工作单位萧山图书馆来提醒孙勤，要签署一份合约，意思是，承诺到 60 岁退休。能在图书馆这种地方多待几年，是很多人的退休向往——既能继续拿钱，也不会太劳苦。孙勤本也是这么想的，只不过，离55岁生日还有四天那日，孙勤脑中突然闪过一个念头：为什么不去空气清新的湘湖边工作？那种自由的气氛和退休后想要的生活更接近，既然已经得到，为什么不继续享用呢？

55岁那年，孙勤正式退休，在湖边的晓风书屋开启了新的职业生涯。

扎麻花辫的小外婆"不好惹"

孙勤扎两根麻花辫，穿着店员统一的牛仔围裙，被客人和朋友亲热地称呼"小外婆"。小外婆很懂书，客人说个大概，她就手指到准确的位置。但有时候，她却是个"霸道"的店主。

有一次碰到一家人来买书，结账的时候，爸爸说了句："这么贵？网上买不是很便宜吗？"孙勤立刻放下扫码枪，转头对客人说："不卖给你了！我要跟你说说清楚！"

连珠炮一通说，客人从一开始的一脸困惑到被孙勤打动。

孙勤本想坚持"不卖给你"，但转念一想，自己也不是老板，不能太意气用事。便一边扫码剩下来的书，一边建议客人："你看，你买了两本东野圭吾的书，但我建议你可以先买一本看看，喜欢的话下次再买。或者，看看别的推理作家的书。"

站在客人立场，孙勤又为客人节省了几十块钱。客人道谢，客气地离开了。

书店生意好了，一个人显得不太够，孙勤在朋友圈发了个招人广告。有人跃跃欲试，说要试试看。有人好奇，说这个工作挺好玩。孙勤回绝了他们，她想的是，"试"是不行的，光是喜欢也没用，没两天就待厌了，外面花花世界多好啊。孙勤承认，书店所在的湘湖边因为不做旅行团的生意，客流量其实并不大，很多时候是孤独冷清的。

孙勤心里想要一个同样是退了休的人。退休的人，看过风景，经历风雨，云蒸霞蔚的湘湖边就是他的梦想山水间。他们知足于年过半百的宁静恬淡，那么书店才是稳定的、有希望的。

孙勤还真的找到了同道中人，新店员莎莎比孙勤小三岁，已在 50 岁那年退休。她怀着和孙勤同样的心情，对于要和山水、书本共度余生，充满欢欣。

热爱，让退休实现蜕变

有很多人说孙勤过于理想化，毕竟图书馆是事业单位，按照孙勤的职称，收入高；而书店，本身就是一个岌岌可危的行业，孙勤还只是一个帮忙的，又不是老板。

孙勤却觉得书店工作让她找到了快乐和更多可能性，于她而言，这样的退休是一次特别的"蜕变"。

孙勤以前没想过退休后会做什么，或许继续去读书，或许会找个闲职，都得看机缘。可如今，机缘不是提前到了吗？既如此，为什么非得等到60岁后呢？

今年暑假，莎莎的儿子从美国回来，三年没见，她想陪陪儿子。孙勤便给她放假一个月。这一个月里，孙勤天天在书店。

我们碰面的时候是6月，次日就是年中采购书籍的时候。一年两次，孙勤都要亲自去书库选书。

"很多家长根本不会买书，所以更需要我们做好导读。"孙勤对此孜孜不倦。退休后的生活更好，是有退休前的工作做好了基础。

如此，退休后才能蜕变成更好的人。

蜕变，就不被"财富自由""提前退休"的焦虑所绑架。孙勤觉得，最重要的一点是，永远不要用钱来量化生活。尤其不要用钱来包装生活，以此衡量自己的价值与人生的意义。正如孙勤所言："在有限的人生里，我想做自己的主人。"

退休"再就业"的几点叮嘱

⏳ 管理欲望

我的退休生活有点机缘巧合，不过，看似不可模仿，也有借鉴之处。比如降低物欲，极简生活。这世界上没有"既要……又要……"我当时想的就是，不能既贪恋原工作的福利，又想在书店获得自由。离开事业单位，收入的确少了，我就想，也没什么正式的场合，不需要购置贵的衣服，生活不会受影响。如果收入没办法实现阶梯式上升，那就将不必要的支出降到最低。

⏳ 坚持运动，拥有健康的身体

身体健康，就是在赚钱。无论是打扫卫生，还是进货盘点，都不失为生命的运动，要认真对待。

⏳ 发现生活中的亮点

每份工作都不一样，没什么好比较的，要看得到现在，才有未来。比如，我心情愉悦是因为眼里看得到人与人之间的善意。不管是陌生客人还是朋友，都是缘分，广结善缘，自己才会开心。

回到故乡

样本：姜珺

退休时间：3 年

退休前：报社编辑

退休生活：回到故乡

中国人讲"叶落归根"。无论在外获得多大成就，到一定年纪都想回到家乡。因为那是故土，带着与生俱来的归属感。

姜珺高中毕业考去了省城读书，毕业后分配到报社。做了几年记者后因为要照顾孩子，便转为编辑，减少出差，每天按时上下班。三年前，姜珺光荣退休，回到了家乡小城——离省城高铁 20 分钟、开车约一个小时的城市。

父母几年前过世，房子一直空着，姜珺就把它出租了。这次回乡，因为是长住，她便收回了房子，稍加装修后自己住。这个房子是她初中时搬去的，两室一厅，在那个年代可是"豪宅"，她和妹妹得以享用一个独立的空间。两个女孩相处和谐，她们总是躲在房间里，分享青春期的秘密，喜欢哪个明星，或是对哪个男生心存好感。

没想到，时隔近半个世纪，她以一个退休者的角色回来了。她没有大作装修，加上前一个租客也没把房子改头换面，她得以住进了小时候的家。

左邻右舍都不太认识，姜珺的父母辈都已老去，有些也已不在；同辈早就搬到了新小区，房子或卖或租。也好，对于姜珺来说，既熟悉又陌生。

少女的夏天很炽热

回到家乡，姜珺有一项任务——重访那些和她有过关联的地方，她把这叫作"回到来时的路"。

姜珺在报社做编辑的时候，负责城市文脉版面，看过无数个纸上的城市，当它们以各式各样生动的画卷在她面前铺展开来的时候，她反而不那么向往远方了。因为故乡交付给她的那些过往，早已成为追逐不已的生命课题。

虽然过去她也常在逢年过节时回老家，但多数时候是事务性的——去看望父母，去参加亲戚朋友的聚会。她总是匆忙的，也仿佛因为了解而漫不经心。所以这次，她要以一个游客的身份重新观看并融入这座城市，既是姜珺的课题，也是她给自己放的一个长假。

曾经的小学早已和附近其他几个小学合并成更为庞大

的教育集团，而她当年上过的小学，如今已经变成了养老院。姜珺感慨，从朝气蓬勃的小学校园，到垂垂老矣的养老院，仿佛是一瞬间的事。那时候，学校门口的一排店面都是小孩子喜欢的：零食、玩具、臭豆腐、烧饼……那是十几岁的她心中的大世界。那种流连忘返，远胜于后来在世界各地逛名品街。

有一次，姜珺逛着逛着意外发现咖啡馆里出品了多样汤——这种消夏食品可是夏日里孩子们心中的白月光啊。莹润的糯米为底，撒上绿豆、蜜枣粒、金橘片、冬瓜糖，飘几根红花绿丝，最后冲入冰薄荷糖水。小时候，如果能坐在冷饮室吃上这样一碗多样汤，那是至高无上的享受，值得在日记里多写几句——每个城市都有这么一间冷饮室，代表了漫长却充满希望的夏日。多样汤这个名字是什么时候有的已无从考证，姜珺这一代更习惯叫它八宝汤、清凉汤，毕竟，看这原料就知是从八宝饭延伸而来的甜汤，只不过去掉了洗沙。8块钱一碗，姜珺开心了很久，这种老法食物在省城是很难找到了，如今居然和咖啡凑了个对，虽是混搭，倒也有趣。姜珺拍了很多照片，发了条微博。

没有永久的少女，但每个夏天仍然炽热。

家门口的小东街是她每天都会经过的地方。那里原是小城居民的居住区，她有好几个同学都住那边，几户人家共用一个洗手间和厨房，有点像上海老房子。她总是先去叫同学，呼朋唤友，成群结队一起去上学。"前几年小东街经过改造，变成了富有生活气息的历史文化街区，同时又带着商业性——金银花从黑瓦屋顶蓬松地垂下来，密密匝匝；白色的络石攀缘在斑驳的白墙上，犹如风车茉莉；粉色、橘色的月季都撑挺了，大朵大朵装点了矮墙；绣球花像是点着胭脂、面色红润的糯米团子，吸引人们弯下腰去捧它们。"姜珺在公众号里写道。

街边冰激凌店散发出冷气，把人卷进去赶紧要一个香草味的冰激凌球解暑；从大城市回来的年轻人再也不会抱怨家乡只有星巴克和喜茶了，手冲咖啡毫不逊色，奶茶还有了健康品牌的加持；理发店还在，和潮牌店对面对，毫不违和。

有人经过，总能聊上几句，有人觉得她面熟，她也不说穿。姜珺知道，这些场景毫不惊艳，每个城市都有。但省城的这些景致不曾有她的参与，这么多年了，她一直都是个旁观者。

这几年流行说"乡愁"，对于姜珺，更多的是"城愁"——尽管一座城和另一座城，看起来真的没什么差别。但只要踩在脚下，那就有她与乡土的联结。

姜珺走了很多地方，很多地方走了无数遍，但她很少主动去联系故人——无论是同学、老师还是邻居。

"我或许是怕麻烦，感觉要准备一个文本向他们解释我的这个看起来类似实验的行为；或许是怕被打击，比如某个同学已经不在了；也可能是不想被裹挟，想更自由一些，自顾自地鼓噪一些杂音、低音、混音。"姜珺说。

终于回到了记忆中的家乡

退休后，有人选择出国旅行，有人回归家庭养育第三代，姜珺觉得人要知道来时的路。回到家乡，以一个新游客的身份重新观看并融入这座城市，是姜珺给自己放的一个长假。

芥川奖获奖作家津村记久子写过一个短篇小说《水塔与龟》，说的是从公司退休的单身男性重回乡野的故事。故事开篇，男人来到双亲长眠的寺院前的一家乌冬面馆。他发现，附近的房租不到先前的一半，而且离旧时的住所较近，因此决定搬回此处。走在街上，儿时就读的小学还在，路侧房屋前的名札上写着的名字，似乎就是老同学家。

有一天，他在公寓阳台上看到了儿时经常看到的水塔，那可是自己曾经的梦想啊——他总是幻想着自己能够建造一座那样的高塔，所以才入职一家建筑公司，一直效忠到退休。

海风带来的气息与儿时闻到的没有半点差别。故事的结尾，主人公一边饮着啤酒，一边反复念叨着："回来了，终于回到了这里，我记忆中一直出现的家乡。"

人生漂泊，终归要回到来时的地方，这也是支撑着小说主人公的意念，也是姜珺做出选择的理由。

记得法国画家保罗·高更有幅代表作《我们从何处来？我们是谁？我们向何处去？》，或许我们不知道自己从何处来，也说不清我们是谁，但是我们可能知道该向何处去。我们应是向着来时的路而去的。

退休回故乡的几点叮嘱

⊠ 控制好情绪，切勿陷入无尽的回忆

回到家乡，容易睹物思人，人也会不自觉地陷入"青春易逝"的情绪。偶尔有这种情绪是正常的，若是过分陷入，人也会随之变得消极颓败，从而影响正常生活。我的做法是，除了"怀旧"，也"颂新"。我会去新的地方，也会和年轻人做朋友，接受新的思潮。

⊠ 每个人情况不一样，切勿模仿

这种生活其实还是理想化的，毕竟大多数人退休后也许要帮着照看第三代，这是国情。我目前因为孩子出国，这方面的羁绊比较少。但我也因为先生还没退休，每周或是每隔两周都会回省城住，成了典型的双城生活一族。人是各种关系的总和，要懂得平衡。

⊠ 走访或许需要一种承载和依托

如果光是做个游客，每天走街串巷，然后发点小感

慨，可能维持不了太久。人到这个年纪，会无聊的，还不如在家含饴弄孙。我是因为职业原因，和文字、书写打了一辈子交道，也会通过记录，让每天的行程更有仪式感。我写公众号，虽然阅读量不大，但总有些人在看，在互动，那也是一种动力，是一种正向反馈。不然，有时候会觉得真是"吃得空"。所以我还是建议，你会画画，会拍照，或许更适合这样的退休生活。

开民宿学电脑，何时都不晚

样本：李赛莲

退休时间：6 年

退休前：会计、老师、创业者

退休生活：民宿主人

"阿姨，我还想吃你做的红烧肉。"

"要不，我认你做干妈吧，每次来都被照顾得那么好。"

"阿姨，你真的和我妈妈一样，我找到女朋友一定要先带来给你看。"

听到这些客人的反馈，是李赛莲最开心的时候。在她看来，如果人家花钱消费却留有遗憾的话，她会过意不去。

"开开心心回去，时而记起我这个老阿姨，就什么都值了。"这是李赛莲常说的一句话。

李赛莲是云南喜洲既见欢喜花园民宿的主人，如果要用专业的分工来划分，李赛莲既是主理人，也是店长、管家，甚至还是业主——为这个民宿，她还投了一小笔积蓄。

2019 年，民宿发展热火朝天，大儿子刘汉捷已经拓展了广西、云南市场，开了很多民宿。那年，李赛莲 57 岁，已经拿了两年退休金，在家休息。

福建人李赛莲年轻时算盘打得好，最早做了会计，后来考了教师资格证，转行当了小学老师。20世纪八九十年代，刮起下海风潮，李赛莲南下云南做建材生意，本想一直做下去，人到中年觉得体力不支。但也不能就此在家待着不动，李赛莲觉得自己本质上还是那个要做点什么的人。

那几年，刘汉捷常带母亲去住自己开的民宿，本是带着赋闲在家的妈妈散散心，没想到激发了李赛莲的新兴趣——她很喜欢这种新型休闲住宿方式。此时的刘汉捷也遇到工作中的很多问题，最大的烦恼就是缺管家。有一天，他突然有了让母亲负责其中一家民宿的想法。

喜洲既见欢喜花园民宿是李赛莲自己挑的。一方面，云南是她熟悉的地方，这对李赛莲来说很重要，人过半百不想再被"派遣"到一个人生地不熟的地方；另一方面，民宿只有7间房，体量小，李赛莲盘算了一下，觉得自己一人可以搞定。何况，民宿自带一个超大的花园，当时李赛莲跟着儿子去玩的时候，就爱上了那里的花花草草。她想，没人会拒绝满院的生机盎然吧？

李赛莲就这么上岗了。

57 岁学电脑，玩转预订、房态、调价

踌躇满志中，一上来就碰到了大挑战：电脑学习系统。既要熟悉几大预订平台，还要熟练操作自家预订系统，既要会管理房态，还要懂价格调整。

"我只能慢慢学啊，至今也是一个手指头打电脑，很慢。不像年轻人那么厉害，噼里啪啦，分分钟搞定。"李赛莲笑说这是她遇到过的最难的事，差不多花了半年多时间作为适应和过渡。

难是真难，但李赛莲有自己的解决之道：自己勤加学习的同时，不羞于求助年轻人，比如客人。

"我有时候会问，诶，这个页面怎么跳掉了呀？这个大小写怎么不对了呀？那些本来要退房的客人就会来给我诊断诊断。这没什么不好意思的，客人都很愿意帮助我这个坦诚的老阿姨。"李赛莲说。

她会随身带一个小本，把遇到的问题和解决的方法都记录下来，好记性不如烂笔头，下次碰到就会了。

搞定了电脑，诸如服务等问题对李赛莲来说就不是问题了。换布草，她看一下就学会了；打扫卫生，没有人比她更细致。她总说，她们那个年代出生的人什么都肯做，都能做。而服务，也许她们暂时不懂SOP（标准作业程序），也不知道什么是标准，但她觉得，发自内心对客人好，一

定没错。

印象最深的客人里，有一位在上海工作的成都小伙子，本来只预订了 2 天，最后却住了二十来天。一开始，小伙子纯粹把民宿当成睡觉的地方，不吃早点，生活毫无规律。李赛莲说她有种"想拯救疲惫青年"的冲动，于是"自作主张"天天做好了早餐喊他起来，把小伙子给感动的，说这位阿姨真的和自己的亲妈一样，还约定如果自己找了女朋友一定会第一时间带来给李赛莲"过目"。

一个李赛莲和七间客房

李赛莲自己的起居也在民宿里，因为这是一个 24 小时需要有人服务的行业。她一般清晨六点多起床，给客人准备早餐。再骑着小电驴去买菜，只需要十分钟——这也是她喜欢喜洲的原因，不像儿子手头别的秘境式民宿，出个门没有少于一小时的。回来若是客情不忙，她就会去花园，一年四季，鲜花不断，是最美的享受。花草用不着天天修剪，每天去关照一下，这也是民宿最吸引人的地方。

中午是迎来送往最忙的时候，李赛莲会根据接下去的房态，规划打扫客房的节奏。半小时一间房，是李赛莲的"做房"速度。也会碰到所有事情全集中在一起的忙乱时刻，她还同时要为客人做饭，客人喜欢她做的家常菜。

"我那时候想着，要不要去培训一下啊，我也没给这么多人做过饭啊。汉捷说不用，民宿就是吃主人自己的手艺。"李赛莲的信心就是这么建立起来的，她把客人当自己的孩子，做妈妈菜给他们吃。

今年，刘汉捷将餐厅外包出去了，加上李赛莲的老伴儿也来到了民宿，李赛莲顿觉轻松不少。她最近的目标是，学习做出一杯好喝的咖啡。

相信相信的力量

以年轻人为主力的民宿行业，"阿姨"本是个特定的称谓，指的就是打扫房间或者专门做饭的幕后人员。但李赛莲这个阿姨显然不是，她已经是民宿的全部，是民宿的IP，既见花园民宿在某种程度上符合我们对民宿的定义——有主人，有亲情，因为布草洗涤外包给了清洁公司，民宿里没有其他工作人员。家庭式的人员结构，也让民宿回头客很多，客群稳定，而不是前来猎奇的过路客。客人来，得到李赛莲的照应，都会表示钦佩和羡慕："阿姨，你这个年纪还在做事，让我们都感觉年轻了好几岁。"

李赛莲从不觉得自己老了，相信自己能干好就一定可以干好，相信相信的力量。

退休进入新行业的几点叮嘱

Ⅰ 安全感第一

要在自己觉得安全的地方去"尝新"。人过半百，除非是真喜欢，否则，尽量避免去新的地方开疆扩土。毕竟生活、工作和旅行不一样。

Ⅰ 相信相信的力量

最好不要把"养老"挂在嘴边，要相信自己的能力，以及社会给予退休人士的机遇。乡村自由、开阔，进入的门槛很低。养老是一回事，更重要的是总有技能用得上，这些技能也是孩子们真正需要的。如此工作生活不分离的"退休后"也是一种生活方式。

Ⅰ 少作设定，不耻下问

别抹不开面子，也别给自己"我老了"的设定，不懂就问，动用年轻人的智慧和能力。

用自己的专长和孩子一起工作

样本：章勤华
退休时间：7 年
退休前：中药药剂师
退休生活：民宿园丁

　　八零头上的六爷沉浸乡村很久了。民宿运动还没起来时，他就在莫干山劳岭村开了一家民宿。后来，调转枪头去了浙江桐庐，除了更为开阔的民宿，还有山头的露营基地。再后来，机缘巧合之下，他来到了舟山定海，把一整个本来名不见经传的黄沙村进行整治、改造，成了现在的非岛·年轮公园，里面有民宿、书店、咖啡馆、中餐厅、西班牙餐厅、美术馆等，用他的话说，一个人做了个综合体。

　　如果说早年在莫干山或桐庐乡村建设，离家（杭州）都不算远，那么这次在舟山，铁定无法实现当天来回了。从最初的住一周，到现在几乎大半年都待在舟山。

　　六爷体弱，动过两次手术。这些年，总在夜深或是安静的时候，心底涌上对死亡的恐惧。退休在家的父母便有了跟着儿子去乡村的念头，起码有个照应和陪伴，再不济，一日三餐管住也算是大功德。六爷爸爸会开车，懂工程；六爷妈妈章勤华爱养花，会管理。这么一想，六爷觉得也无妨，乡村本也无所谓"任人唯亲"这类说法。

乡村有一个以我的名字命名的花园

六爷知道，如果光是让父母来帮自己干活，或是天天晒太阳无所事事，这样的陪伴性建设可能不会长久。一方面，不能用工人的标准对待父母；另一方面，无论是否免费劳动力，父母都需要成就感和获得感，既不是给一点小活儿就可以敷衍过去的，也不是天天遛狗散步就能让他们满足的。他想了个办法。

从山下入口处开上来，是黄沙村的第一个制高点。六爷在旁边整了片荒地，约 2 亩，早早起好了名字——勤华花园。他要把这片地"承包"给妈妈，请妈妈将它变成一个五彩斑斓的花园。

六爷妈妈章勤华喜欢养花，也很会养花，过去总有不小的抱怨，毕竟城市里的家只有阳台这么一小块地方，没法施展她的才华。

得知有个花园要让自己打理，章勤华很高兴，又有点胆怯。她问六爷："在家种花自己玩玩的，你这个可是开放空间啊，这么多客人会来，我怕搞不好啊。"

六爷跟她说："在家怎么种，这里也怎么种。"

随着民宿、咖啡馆等区域陆续开放，越来越多人慕名去非岛·年轮公园。章勤华又拉住六爷问："很多人走来走去会来跟我说话，我普通话不标准啊。"

六爷就跟妈妈说："民宿最真实的味道就是，你平时怎么说话，碰到客人也怎么说。"

章勤华点点头，继续戴上凉帽或是斗笠，笑呵呵的，俨然已是一个快乐的园丁。

找一件事，把异乡当家

六爷选中的这片地，可以开车上来，也能经山下登山步道慢悠悠散步上来。既是非岛客人的小憩之地，也是附近村民吃完饭晃悠养眼的去处。

有了自己的土地后，章勤华干劲很足。一边播种，一边配合着六爷的工程，在花园里搭了个阳光房。她早就设想好了，等薄荷、罗勒这些香草长出来，就泡香草茶给六爷的朋友们喝。冬天海岛凛寒，海风吹过更是冷飕飕，大家就可以一起窝在阳光房里取暖、喝茶。

海边的清晨有着城市里闻不到的味道，章勤华总是第一个起床，从住处爬上山坡，向每一棵花草问好，浇水、施肥、除草，还不忘拍照发朋友圈，肯定一下自己的劳作。夏天的清晨，早餐还没开餐，章勤华已经出过一身汗。

"我洗个澡，换个衣服，再来吃饭啊。"章勤华说着就先下去了。她后来说，那是城市人稀罕的"大汗淋漓"，自己仿佛皮肤都变好了。

现在的勤华花园里种着上百种花，基本不会因为季节一过就全部谢光，章勤华按照每种花的生长周期，安排了四季交替生长。

"退休前做药剂师，要懂得每一味药的性格、功效，现在做园丁，也要和每一朵花好好相处。"章勤华喜欢这样的退休生活。不仅是这个花园，整个非岛·年轮公园很多地方的园艺都是她"顺手"布置的。在这里，客房多为"两房一个小院"的模式，章勤华就种了满院花草。初夏时节，绣球、美人蕉、鼠尾草盛开，根据颜色错落排开，是经过整修又不矫饰的乡村，是人们向往的生活。

"想要让客人待得住，首先是自己喜欢这里。"章勤华说。

父母陪儿子工作，两全其美

最近一次去非岛，六爷和父母一家又有了新住处——

新开的餐厅旁边。一栋民房改造成的两居室，没有精致的室内装修，却是一个固定的居所。之前住客房，条件是好，却总是随着客情而不断搬家。

搬家也意味着章勤华对异地生活的认可。除了种花、打理花园，她又有了新活儿——后山种了青菜，养了鸡，她定期去掏鸡蛋，有朋友来做客，一定要装满车厢才满意。吃点健康卫生的土菜，恐怕是乡间生活最让人向往之处了吧。

儿行千里母担忧。章勤华常说，她很希望能陪着儿子，但儿子毕竟成了家，有自己的事业，老妈子黏在身边总不像话。没想过有这样的陪伴方式，看得到彼此，又不会互相干扰。

六爷懂妈妈，退休后本就失去了过去的交际圈，尤其还来到了人生地不熟的异乡舟山，作为儿子，最重要的不是给她吃好的、穿好的，而是让她重拾对生活的热情。

后来，六爷的妻子和狗狗也会跟着一起来。杭州到舟山3小时的车程，看上去更像是家庭旅行，再也没有分别之苦。抵达非岛后，各司其职，可能一天也见不到一面，见到也没工夫聊天。只有等到夜晚，一家人聚在一起，互道晚安。

他们总是忙完一阵回杭州，过一段城市生活，章勤华和老闺密们聚聚，等着下次再一起去舟山。

参与孩子工作的几点叮嘱

▮ 少有"付出感"

千万不要觉得自己是在给孩子打工。如果你有"我为你付出了这么多""我为你放弃了城市生活"的想法，那也许不适合这样的生活方式。更应该享受其中，多多感受到这是一份有意思的工作。

▮ 身体健康管理好

比如定期回城市体检，有高血压或别的问题需要长期服药的，备好常用药物，或是勘探好周边医疗卫生设施，记下电话。有条件的话，多结识几个当地朋友，可以是村民，也可以是村干部等，必要时请他们给予帮助或建议。

▮ 摆正自己的位置

虽然是投资人或创始人的妈妈，但最好不要拿老板的身份和同事相处。

带孙辈，上老年大学，享受生活，一个也不少

样本：国英
退休时间：13 年（2011 年领退休金）
退休前：工厂女工
退休生活：带娃，探索新的城市

能够重拾年轻时的梦想，或是趁时间富裕周游世界，自然是退休后的理想生活。但对于大多数人来说，生活的现实依然是柴米油盐一地鸡毛，以及，帮子女养育第三代。

在城市工作的年轻人脱不开身，有了孩子后第一个想到的就是请父母来帮忙，这几乎已经成了普遍现状。退了休的父母可能要为此坐高铁、飞机，跨城而来，此后，在一个陌生的地方开始"全职保姆"工作。他们离开了熟悉的环境，没了同事，也少了朋友。

这本是一件不那么愉快的事，甚至带着点悲伤，因为我们不知道，等孩子长大，老人再回家乡，自己的圈子还在不在。但国英却有种转化的能力，她在异地打开了自己的社交圈，把帮忙带外孙女的沪漂生活过得别有一番情调。

说不定有新的可能

国英年轻时性格开朗，多才多艺，但依然属于非常传统普通的中国妇女。在浙江湖州结婚生女，经历了那个年代的下岗和再就业。国英能干，先后在本市和周边的高校、私立学校做临时工，都是体面的教学辅助工作，直到2011年正式拿退休金后才歇下来。

外孙女没上幼儿园前，国英大部分时间在湖州，去老年大学上课，或是和老姐妹们喝茶，偶尔去杭州帮忙带外孙女。年初由于女儿工作原因搬到了上海，他们也希望孩子能去上海念书。朝九晚五的父母是靠不住了，谁来带孩子？

国英的亲家是单干创业型，不存在退休之说，前两年亲家分担了大部分带娃任务，今年开始工程上事务繁杂，一时半会儿脱不开身去上海。国英先生是大学教授，本来就是工作狂的他在去年退休后又接了份喜欢的工作，大家都很支持他继续搞科研。带娃人选里，只剩下国英，她没得选。

虽不至于"欣然接受"，但对于要离开家乡去上海带娃这件事，国英的心态是：说不定有新的可能。

如果不得不这样，有没有可能将此现状转化为一种机会，在新的环境中获得新的快乐，创造不一样的自由呢？

在老年大学建立自己的圈子

老年大学的两个兴趣班，是国英上海新生活的第一个盼头。分别是周三上午的太极拳和周五上午的沪剧。送完外孙女上学，国英就回家换好衣服，去社区上课。

国英年轻时是文艺积极分子，喜欢唱歌，工作分配进了工厂，后来下岗，辗转到高校谋生计，忙忙碌碌，和理想爱好总有些距离。如今，每周都能和票友们唱一段，国英很开心，女儿说她那两天上午忙活外孙女上学都是哼着歌的。国英也发现，很多"同学"都是来上海帮忙带孩子的，大家情况差不多，一下就能聊到一起。

这还多亏了她女儿。

把母亲拖进了上海，国英女儿心里很过意不去——担心妈妈在上海没那么自由。外乡再好，也不是家乡。上海的房子小，不如老家三层楼有更多施展空间。带孩子的国英对自己要求很高，必须全心全意，她总说，带孙辈是要负责任的，不能随便。女儿想尽可能让妈妈开心自在一些。

考虑到来上海前，国英一直在老年大学学习钢琴和钢笔画，女儿就依样画葫芦查了上海老年大学信息。她了解到，上海老年大学不限定户籍，自己家所在的街道也有，便写了一个指南给妈妈，让她自己选课，线上报名。

在异地开发城市漫步路线

周末是国英的固定"放风"时间，之所以要避开子女，她有自己的想法。一来是两代人之间的卫生观念不同。国英自知有"洁癖"，每一个细节都必须干干净净；女儿和女婿则是"差不多就行"的年轻人心态，他们觉得上了一天班很累，只求不要太脏。之前在湖州老家，一家人常为打扫卫生发生争执。后来国英想开了，与其大家都不开心，不如"眼不见为净"。二来则是给自己制造一种"上班收工"的仪式感，虽说是女儿的亲妈、外孙女的亲外婆，但国英很明确的是，不能把自己塑造成一个理所当然的免费保姆，用她的话说就是"保姆也是有休息日的"。

去"放风"的国英有自己的"怀旧路线"。湖州和上海距离上不远，过去湖州人结婚都要去上海购置新房里的物件。她对上海并不陌生。国英记得20世纪70年代末的一年春节前，她穿着的确良花布包棉袄衣服，脖子上还翻出黑丝绒假领子，跟着哥哥一起给上海亲戚老娘舅家送湖州特产——鱼、黄鳝等，为此还住了一个星期。当时去的西郊公园，现在已经成了上海动物园；当年去的城隍庙，现在依然还是热闹的中心。

南京西路、外滩、霞飞路——对，那时候的淮海路就是叫霞飞路的，也都去走一遍，顺便和过去产生联结。国英把自己每天出门的路线称为"怀旧之旅"。亚里士多德在《修辞学》里写道："他们靠回忆度日，而不是靠希望生活。因为较之于漫长的过去，人生留给他们的所剩无几。"罗马哲学家西塞罗也认为晚年时光应做一个享乐主义者，他解释称，追忆过去能带来"一系列连续且互相关联的愉悦感"。对国英来说，上海的很多地方触发了她的回忆，和过去联结，但不是沉湎，的确给她看似普通的带娃生活增添了目的性、忙碌感，以及愉悦感。

国英在上海还乐滋滋地开启了家族走动工作。她家有亲戚在上海，比如她当年去的上海老娘舅家，但较少走动，国英便计划着牵头去看望他们。她在日记里写道："金秋十月里的一天，我要去看望老娘舅夫妇，随后做好了路线攻略，送好小孩上学，即联系上老娘舅的小儿子。出发，6号线到世纪大道，转2号线到南京东路，转10号线到上海动物园，小儿子接上我，到老娘舅家。90多岁的老人家身体状况还好，居住环境比前几年在松江好。和他们聊天，一起吃中饭，聊天时联系了小J，让他们舅甥视频通了话，还有两个同属马的表姐弟通了话，我给小 J 留言说：期待你们有空了到上海、湖州走走看看，老家的至亲们会欢迎你们。"

日记，是国英记录生活的方式。她年轻时就写得一手好字，如今查出来白内障，要少用电子产品，正好，回归书写。梳理一天的所看所得，人生不觉得枉然。

在咖啡馆"人间清醒"

乍一看，国英是那种很传统的外婆，带娃尽心尽力。但她又是一个爱自己的人，有过一句让人听着觉得很"爽"的话——我就是要把自己的退休金全部用掉。

她说："我干吗存起来省给他们（指子女）啊？他们有他们的钱，我要对自己好一点。"

今年 62 岁的国英在上海闲逛，吃饭从不心疼钱，走累了再喝个咖啡。星巴克去得最多，抹茶拿铁、酒酿甜味都尝过，她说坐在咖啡馆里的味道很好，看着各式各样的人在咖啡馆里做自己的事，咖啡馆就是一个小生态。

"出门在外，我是'人间清醒'的，不心疼钱，自己过好，回到家才能开心，一家人也和和气气的。抠抠搜搜的，还不得怨死？"国英的金钱观念是"花得开心"。逢年过节，还会给老公老家的亲戚长辈小孩买东西，每次去购买的东西都要装满车厢，送上礼物特产，是一种人和人之间流动的幸福感。

按照这一辈人的观念，国英多半是有所保留的，还要留点钱给自己养老。但国英亮明了态度，是对美好生活的要求，也是另一种形式的"放话"给晚辈——小家庭到头来还是得你们自己营建，我有自己的生活，我也会回归到自己的生活里去。

哲学家伊壁鸠鲁说过"友谊之乐"，指的是，与各种各样的人进行互动。从和最要好的朋友谈哲学——他喜欢这种围坐在花园长桌边的聊天方式，到在街头巷尾和人们闲聊几句，不一而足。不论社会阶层，不论认不认识，与他人建立联系很有意义，这种慰藉之所以与众不同，是因为来自人与人之间思想与感情的交融。

对于国英来说，她的松弛感正是来源于没有把自己局限于"家"和"外孙女学校"的两点一线，也没把自己定位为去上海带孩子的"保姆"。用国英女儿的话说："我妈能够自己主动向外，而不是把所有注意力都困在家事里。反之，她把不得不去上海看成一个机会，在做好分内事后，拓展自己的边界，和不同的人聊天，去寻找不同于老家的风景。"

异地帮子女带孩子的几点叮嘱

⚔ 要有边界感

虽说是一家人，女儿、女婿和外孙女与自己的关系要摆正。住在女儿女婿家，就要有"做客"的样子，千万不要把自己当成理所当然的主人，也不可以倚老卖老。当然，也无须"寄人篱下"之感。坦坦荡荡，大大方方，给自己空间，也给他们小家庭足够的自由度。

⚔ 安全第一

老年人要舍得花钱，尤其是特殊时候，比如下雨、迷路，不要心疼钱，该打车就打车。"探索精神"要适度，偏远的、不熟悉的地方尽量不去，或是和朋友、孩子们一起前往。每次出行，最好提前做足功课，也可以让子女获悉自己的行程以及拜访朋友的联系方式，以便紧急情况下联络。

✗ 摆正位置和心态

"带孩子"和"找寻自我"要平衡，切忌为了后者而把前者给忘了。外孙女的事情还是首要的，几点上学、放学，哪天会早回家，这些都记在行事历上，不能耽误。这样才能让子女安心上班，让外孙女获得安全感。

日子和每天的蔬菜一样，都是新鲜的

> 样本：高建定
> 退休时间：3 年
> 退休前：报社视觉总监
> 退休生活：做饭、烘焙、泡酒、种花草

高建定选择退休，是一刹那的临时决定。

那年她 54 岁，报社有个选择，55 岁和 60 岁，是两个可以退休的年龄，无论男女。就是一刹那，再过一年就 55 岁的高建定决定退休。

退休前，高建定曾担任报社视觉总监，也是浙江省内第一个获得 SND（国际新闻媒体视觉设计协会）大奖的人。报社改革的时候，高建定想着要给年轻同事一点机会，便没有参加新的竞聘。而在新的部门，高建定觉得反差大，便在 55 岁那年，成为一名退休人士。

和那些有过退居二线经历的人不同，高建定在退休前一直忙碌于一线。也因此，同事领导对于她的突然决定表示不解，以及挽留。

不纠结是高建定天生的性格。既然决定离开，那就尽情拥抱新的生活。以至于生活作息的转变根本不存在过渡期——上了 30 多年的夜班，熬了 30 多年的夜，退休那天开始，却可以立刻在 11 点前入睡，无须倒时差。

下一顿吃什么

退休三年来，高建定的生活里并没有发生什么惊天动地的大事，不曾有必须壮游几个国家的规划，没有要学成几项技能的目标，有的只是把生活过好的真诚。

美好的一天从早餐开始。中式早餐里轮换着煎饺、馄饨、面疙瘩、自己烙的葱油饼、从临海学来的麦饼……哪怕都是面，也有青菜面、黄鱼面、虾笋咸菜面……西式早餐里则有面包、煎鸡蛋、沙拉、香肠，配上咖啡，有时是挂耳包，有时是意式浓缩或拿铁。偶尔高建定会轻断食，那就来个简单的土豆泥沙拉，保证了早餐的碳水摄入。总之，一个礼拜都不会重样，有时还会一家人嗦个粉，不仅根据自己的口味喜好，还尊重膳食搭配，让早餐充满了期待。

晚餐是正餐，高建定家的餐桌依然是每天换花样，今天吃鱼，明天肯定得换肉或虾吃。就算还是鱼，也得有不同的烧法，谁让人们都会喜新厌旧呢。

女儿会问："妈妈，你今天做什么呀？"

老公会问："下一顿吃什么？明天吃什么？"

为此，高建定每天都得候着，准备好吃的，但丝毫没有"被扳牢"的困顿和不甘。她觉得，自己的手艺能给家人带来期待，本身就是一件值得开心的事。因此，高建定会根据食谱或是新书试验新菜，饭桌上一家人小酌，品评一番新菜，其乐融融。

她有很多国际顶尖大厨的书，从头部入手，自己的水平也跟着提高，已经成了她的思维和学习习惯。最近刚刚买了《主厨的餐桌》一书，书里有影响烹饪历史的237道招牌菜，也附着配方。对于高建定来说，哪怕做不到那么好，也可以从中学到美食的理念，知道好的食材用什么样的烹饪手法，能够获得多少还原度。

喜欢做菜，源头必须是对食材的尊重。高建定会自己去菜场采购，什么样的菜要去哪个菜场买，心里有张地图。发皮（猪皮泡发后油炸，三鲜里必用）要去萧山，菜场里有固定摊位；牛腱子、牛筋这类，要去采荷菜场，高建定盯着其中一家买；要吃鱼圆的时候，就赶去凤起路菜场；买牛肉得去山姆会员店，高建定觉得肉品有保证；至于蔬菜，就尽可能找农民，高建定也有自己的习惯和路线。她说的那些菜场，其实分布在相距并不算太近的地方，每次采购，要先列好计划。

但买菜从来不是一件苦差事，反而是和土地、和这座城市亲近的方式，每一个菜场也多少呈现出这一片区域的风土人情。不仅是为了买菜而去菜场，旅行的时候，菜场也是高建定的必去之处。菜场里看得到当地人的生活，比景点更有烟火气。

四季流转，吃得明明白白

料理一日三餐还不够，退休后的高建定彻底换了赛道，把过去想做但没时间做的事全部拾起。

每年，她都要做酸菜，那种用芥菜作为原料，像老坛酸菜一样的南方酸菜。杭州人喜欢吃冬腌菜、雪里蕻，那是烧排骨、炒鸡杂的天然调味料，可以让菜变得无比鲜美。菜场里也买得到，但高建定不放心，每年都自己做。

糯米粉加水和高粱酒，再赋予时间和爱心，酸菜便慢慢发酵出来。高粱酒可以消毒，高建定每次都是一买一整箱。除了做酸菜，秋天做醉蟹以及别的生腌品的时候，也会用到高粱酒。说到高粱酒，还得提黄酒，会稽山五年陈的黄酒，一买就是一箱，用于做菜或是生腌制品。

酒，在高建定家，不单单是配角，更是丰盛的象征——

她偶尔发朋友圈，一瓶瓶自制的果酒，一年到头都不会断，因为时令一直在那儿，春夏秋冬，四季流转。

每年四五月，梅子成熟，便可以开始泡梅子酒，顺便做话梅、梅子酱；五月泡桑葚酒，六月泡荔枝酒、杨梅酒；盛夏时节，就用桃子做桃子酒和桃酱；十月，趁着山楂丰收，泡山楂酒，也和红枣一起做山楂汁；等到了冬天，就泡冬酒。五年陈的会稽山黄酒里放进黑枣、枸杞、桃仁、核桃仁、龙眼，一直泡到第二年秋天吃大闸蟹的时候。那时候的冬酒已经醇得挂壁，放上冰糖，中和秋天的凉意，心生对生活的敬意。

每个酒瓶上都贴着标签，泡发的时间，以及所用的基酒。有同山烧、郎酒、双蒸，不过高建定觉得最好喝的是43~45度的威士忌，口感饱满，香气馥郁。

跟着时令，高建定觉得"吃得明明白白"。过完年，春笋上来，量大且便宜，就要开始晒笋干；天气一冷，家中必备自制的琥珀桃仁，能量满满。这些桃仁，很多时候也是高建定的下午茶小食。

高建定一日两顿，早午餐和晚餐。于是，下午就得给自己加一份点心。有时候是琥珀桃仁配茶，有时候是私房烘焙。

烘焙也是高建定拿手的，欧包、软欧、饼干都能做，有一段时间肘关节发炎了，因为不喜欢用厨师机，每次都用手掌揉面。

"用自己的手，面团感受得到手掌的温度，你也能够掌握揉面的柔软度，能够预见做出来的东西是什么品质。"高建定说。

把时间花在很小的圈子上

高建定总说自己的退休生活非常普通，无非是为自己和家人忙活着那点"吃"。她很少把烘焙拿去送人，更没有把面包和果酒当成生意——尽管很多人说，你可以开作坊啦，可以开个线上小店啦。用她自己的话说，并不是一个喜欢社交和应酬的人，退休后就可以理所当然地活在自己的世界里。而做这些食物的本意，无非是享受并热爱着生活。

对她来说，人的一生，头 20 年是成长；之后 30 年是历练，要结婚、生子、干事业，很多事情是被动的，不可以由自己做主；再后面的 30 年又可以为自己而活，没有包袱，没有应酬，没有外界的干扰，生活轨迹不用交错穿插，着实"一生无事，四季都是良辰"。

从事设计工作的原因，高建定用"人"字的结构来看待人的一生。那一撇，是飘出去的，就是前半生的负重前行；后半生就像那一捺，要落地，要扎扎实实过自己的生活。

也是从事设计的缘故，高建定喜欢有秩序并讲究细节的生活。她说是职业病，所以在吃、穿、住等方面都追求形式感。花很多时间"做家务"，种花种草，把自己家整理得像个花园。地板要干净，沙发要整洁，床单要舒适，目之所及都得赏心悦目。而这种悦目反过来让她觉得生活无比美好。所以，这个"家务"并不是苦哈哈的，高建定有着向好的心境。

反观很多退休的人，恋恋不舍年轻时的身强力壮，或将退休视为衰老而感到恐惧，所以常退而不休，或是非要活出个壮举。很多人没有机会静下心来观照自己的生活，太多人对"过日子"三个字是忽略的，每天呼啸着来来去去，看上去忙碌充实，静下心来想想，可能并不知道在忙什么。而高建定是想明白的，她为自己而活。她的生活准则就是：住得舒适，吃得明白。

她乐趣的来源也在于愿意把时间花在自己和家人身上，就活在这么简单的一个小圈子里面。

对她来说，"每一个日子，和每天农民手里买来的蔬菜一样，都是新鲜的。"

认真过日子的几点叮嘱

✗ 吃得健康，吃得明白

退休前，是奋进也是被动的；退休后的时间是自己的，要把自己管理好，选择健康的食材，把身体养好。

✗ 积极乐观

退休后没什么负担，就可以放下过往，把自己的情绪管理好，乐观一点，豁达一点，开阔一点。已经没有什么过不去的事了，一切都是很确定的。

✗ 认真生活

过去都翻篇了，就算辉煌，就算沮丧。后面的事情谁也说不准，也够不着，能做的就是过好每一天，对得起每一天，这是对自己最好的回馈。

规划退休后的
第 二 人 生

章勤华正在自己的花园里关照亲手栽植的向日葵

上｜在自己种的山樱桃花丛中，时光美妙

下｜舟山的乡村综合体"非岛·年轮公园"

每天为自己栽培的郁金香洒水，是退休后简单的快乐

与花草在一起的时光，总是缓慢而美好

潮大叔的每日咖啡，为了防止缺钙，他喝拿铁居多

萃取咖啡液是一件专注的事情

潮大叔的"手伴"——两台咖啡机

等待并观察咖啡液被萃取出来，是迎接香味和美好的过程

左 | 退休后的金虹端出自己包好的饺子，满脸喜悦

右 | 金虹在自己筹备并运营的新疆八风谷民宿，觅得一丝清闲

退休后的孙勤，正在为前来买书的客人服务

位于杭州湘湖边的晓风书屋，被孙勤打理得井井有条，她按照自己的
逻辑和审美把书分类摆放

左 | 整理书籍对孙勤来说是一件无比快乐的事

右 | 把书归类是每天的日常

左｜报社退休后的高建定，每天给自己和家人做早餐，一周不重样

右｜晓风书屋一角，孙勤用随手捡到的植物插在瓶中作为装饰

第三章

预见退休，有备而来

我们总想离朝气蓬勃的生活更近一点，不愿被拉到暮气沉沉的环境里。

退休后迟迟没缓过神

日本有一部电影叫《退而不休》，探讨日本高龄男性群体在离开职场后可能遭遇的种种问题。片中田代壮介先生曾在一家上市银行上班，满怀一腔热血的他，在"退休"这个转折点遭遇了人生的落寞期：从职场精英到退休后的黯然离场，失去主管光环的他，整天无精打采，无所事事。

某地博物馆原馆长吴晓力刚退休的时候，家里人都觉得这可能是他的一个关口，做了三十多年的馆长，好面子，可能会失落。事实上也是，大概有两三个月的时间，吴晓力晚上睡不着，早上醒得早，胃口差，情绪变化大。更矛盾的是，他觉得自己好像还没退休，因为还没正式拿退休金。但事实又摆在面前，自己不被需要了——这是半年后他真正体悟到的，是不带怨气的体悟。

还有一种退休的落差不是马上产生的。

"刚退休一个多月的时候觉得太爽了，睡到自然醒，还有充裕的时间可以做想做的事情。"很多刚退休的人都表达了这种解放，仿佛都是因为过去上班的原因，否则自己早就是某个行业的专家了；仿佛就因为上班，自己错过了无数次盛大的自然变迁。

《退休后》一书中，主人公楠木新提到赏樱。工作的时候，每年4月都是最忙碌的时候，总是错过樱花。退休后，疏水渠边的樱花瓣落入河面，看着粉樱色的水面，感慨自己终于成为自由人了。

但很快，无聊和空虚感就袭上头了。看电视倒是自由了，看着点播频道里丰富多彩的节目却不知道看哪个；切换到直播，握着遥控器从头按到尾，一天就这么过去了。

"起床后不知道该做什么"是那些经过了退休后的"爽"后，瞬间跌入谷底的人最常说的。

"不知道该不该起床，因为起床后吃过早餐，可能又要倒头睡了。也会跟自己说，多出去走走，但感觉地点很有限，也就是江边、湖边、公园里，商场也很少去，大白天工作日里，自己一个人逛商场也蛮尴尬的。"

退休后总有无处安放的尴尬。比如散步之于男人，在工作日里，一个中年男人整天在居民区里晃来晃去，总会吸引周围人的诧异目光。吴晓力也曾提到，刚退休那会儿，本想着回归家庭，推着老母亲在小区或是江边散步。总也不可避免有很多内心戏："呀，她家儿子是失业了吗？还是退休了？怎么白天有时间陪老母亲散步了？"或许只有到了周末，上班族也休息的日子，白天出门才感觉稍许放松。

渡边淳一在《孤舟》一书里描绘的退休了的大谷威一

郎也有这样的困惑，他被妻子横竖看不惯，只能外出遛狗。每天牵着小狗散步的威一郎也有很多内心戏：一大早遛狗正常吗？他也给自己开脱：在别人眼里，他可能是个一大早就悠闲地牵着狗散步的幸福的人，说不定也就仅仅是个喜欢养狗的大叔。

值得提到的一点，渡边淳一本身就是一名医生，他不仅在书中介绍了"丈夫在家精神紧张综合征"，还在访谈中提到：从早到晚无所事事、没有朋友、不知道打电话给谁，生活实在空虚无聊，是一种非常难受的事情。实际上，这也是很多疾病的诱因。男人不会因为忙碌而患病，但会因空虚而患病。

"我也是过了很久才想明白，自己这个年纪，又面临退休，就不要想太多了。如果自己执着，反而会被伤害。到了退休这个年纪，一律要解脱，不然负担太重了。"对于突然间的退休，吴晓力还提到一点，很多时候自己想通了，觉得没什么，但外界的反应会促使你有所反应。所以，一定要尽快调整好心态。

周末已不让人激动

端午节前，我给朋友发信息："明天是小长假，我这周终于空下来了。你呢，要不要约一个？"

朋友懒懒地给我回了一条语音："我现在天天是周末、小长假，每天都一样，羡慕你们。"

我突然反应过来，朋友前阵子退休了，多好啊，天天拥有大把空余时间。我并不能完全体会到她所说的"羡慕"。隔着手机屏幕，以为只是一贯的娇嗔罢了。

她还是赴约了。我们约在城中最时尚、人流量最大的嘉里中心，无论是咖啡馆、啤酒屋、牛排馆还是轻食餐厅，满眼望去都是光鲜时尚的潮男潮女，他们刚刚卸下写字楼办公室的沉闷，用夜色和美食迎接即将到来的初夏小长假。

但朋友看似并不激动。她还是一如既往地优雅，和我并排坐在户外座位，要一个餐厅自酿的黑啤。她说："退休在家后，没了'开'和'关'这个动作，一切平静如流水。唯一的仪式感就是在家穿睡衣，出门得换身精致的衣服。"

"以前上班的时候匆匆忙忙，有那么一个晚上可以约会，从下午就开始兴奋。看来，忙碌后的假期才珍贵，对我而言，这种稀缺感已经找不到了。"朋友幽幽地说，带着点遗憾和不甘。

我们就顺势聊起了退休。朋友退休前在品牌公司做咨询，忙碌是她的生活写照。三个月前退休也是非常果断。她觉得前几十年工作饱和，便也没想过要去旅行或是再找工作。来寻她做顾问的机构很多，她都推辞了。没承想休息了三个月后，浑身不自在了起来。

"我过去想发条朋友圈，发个微博，都要被打断，140 字都写不完整。现在呢，我可以用一整天来想一条微博，有的是时间来构思一篇小文，有时候真是怀念上班的时候呢！"她说，"你看，这些年轻人，他们今天很兴奋，因为要放假了呀。再过三天，他们又会很惆怅，因为要返程返工了呀。有心理起伏和变化多好啊。你看我，心如止水，不好。"

想到另一个朋友，他有本不离身的笔记本，是他自己公司仿照日本手账制作的。我们见面的时候，他每时每刻都在翻阅手账，生怕错过任何一个提醒。我曾笑他不用手机，他说手账的好处就在于手写，写下每一个字的时候，其实就是加深一次印象。但退休后他就不用了，说是没啥意思，每天过得差不多，周末和周间也没什么区别，哪怕某一天有什么事要做，脑子记记就足够。有时候去酒店度假，还会特意加一句："我们非周末去。"表明自己再也不用因为是周末而被迫多付钱。

那次见面快结束前，朋友让我空了去她家挑衣服，因为她的精致套装完全用不上了。扔掉可惜，放着碍眼，我们身材接近，她觉得我兴许会喜欢。我不知道该不该择一周末去，还是平日晚上下班后去，特殊的日子会不会给她造成困扰。

不再被叫名字

退休后，脱离了过去的社会网络，个人不再依托于某个组织。名字、好看的衣服、必要的妆容突然间变得不再重要。

我过去在报社的前同事丁迟在和我约咖啡时，指明要去星巴克。我说："杭州是小咖啡馆的天下，便宜好喝有特点，去什么星巴克啊。"她说："只有星巴克会叫我名字。"

我们点完咖啡，回到座位上不久，一声"丁迟小姐，你的馥芮白好了"，我眼前的丁迟唰一下站起身来，还连带说："你的咖啡我一起拿过来。"

回到座位上，我还没搞明白这是什么操作，她就先解释，只是想听听有人叫她名字，而且是那种正儿八经的，有事才喊她的称呼。

起因在于，前几天她在商场陪孙子遛弯儿，有人喊她名字，她好半天没反应过来。直到喊她的人跑到面前，她才意识到是在叫自己。

"真是尴尬，有点不好意思。"丁迟觉得难为情。回想现场，的确很多人在朝她看，她却毫无知觉。

"害得朋友也很不好意思，到底是继续叫还是不叫。"丁迟责怪自己。

过去在报社，大家都尊称丁迟为"丁主任""丁老师"，虽已很少听见有人直呼其本名，但常年收到的各地杂志社、报社的信件上依然写有其大大的姓名。三年前退休，丁迟在家帮儿子媳妇带孩子，老伴儿和左邻右舍像说好了似的，统一喊她××奶奶，甚至连"姓"也没了。

丁迟也没觉得不妥，反正大家都这样，只是逐渐遗忘了自己的真名真姓。

"多被叫叫本名，下次去医院，才不会被叫号吓一跳。"丁迟的担忧看似玩笑，还真是那么回事。

她提起同期退休的报社传达室阿姨，一个人去医院，坐在等候位上，听到广播里喊"请××号王丽芬到心内科一室就诊"时很久没反应过来，还好医生负责，直接到候诊区来确认。

我后来和丁迟聊天，她笑说其实这个年代，真名真姓用的地方本来就不多，退休后不被喊名字可能是一种矫情，说到底就是希望被关注到。

丁迟给我普及了一个知识，英语里，calling 不仅意为职业、事业，还有想帮助他人的强烈愿望，责任感、使命感的意思。原来，名字就是被某些特定的人称呼的。有人喊自己的名字，一定程度上说明和社会还有联系。

"我们还可以在候机的时候故意迟到，那机场广播就会将你的姓名昭告天下。"丁迟笑说。

退休后越来越忙

退休后的忙碌有两种：一种是为了面子，口头上的"我好忙啊""每天都很忙"，这类人退休后不知道该如何处理凭空多出来的时间，但又有极强的自尊心，不愿意被人看到自己变成了无事可做的"退休人士"；另一种则是真的忙，他们卸下了正职，却身兼了诸多"闲职"，如果再增加锻炼、就医等个人事务，一天 24 小时都不够。

对于前者，我们要说，退休之后最好要降低"共情力"。不要总是期待别人的理解，不要总是想让别人知道自己曾经有多少成绩，熬过了多少关口。你要做的只是让自己开心，而不再是维护自己的面子，没人在意你是不是真的忙。

对于后者，前面也有过像吴晓力这类的例子，社会职务让他们获得新生。坤哥原本是一所职业技术学院的教授，退休后，他自称"还在帮忙"，实则有一堆社会职务：受聘于××集团帮助筹建某地健康职业学院。除此之外，还是政府咨询委员、公共关系协会副会长、公共交通乘客委主任兼秘书长、新时代乡村研究院副院长等。对坤哥来说，职务已经不重要，重要的是有事干，每天起床后有奔头。

退休后，原本正常的生活规律很容易被打乱。没了闹钟，一觉睡到大中午；或是老早醒来又继续睡回笼觉。遥控器从头按到尾，再从尾按到头。晚上睡不着，手机看到大半夜。而把自己"整得"很忙，其实是维持在一个相对规律的状态。

在报社担任编委的梁实退休后返聘原单位，单位没有规定其打卡上下班时间，只需要他完成分内工作。作为"老同志"，梁实自认为也不需要约束，每天5点前，一定会把次日要出的报纸的版面全部看完，有错误必定全部解决。其余时间则是他的自由时间。

出于老记者本能，梁实喜欢走街串巷，走访乡村，回来后再写公众号。平日里因为还要上班，就去相对近一点的郊外，周末选个远的，深入采访。文章获得一片点赞甚至打赏，这让梁实倍有成就感。而充实感也让他看起来身体比同龄人更强，可能是关注点不在自己身上的缘故吧。

"很多人退休了，空下来了，老关注自己，小病小痛的先把自己吓死。我都没时间去想，每天有这么多地方要走，还要整理照片，写文章。"梁实觉得适度的忙碌是应对退休后空虚无聊的法宝。

再就业的困境

退休人士往往面临再就业难的问题。一些求职网站上，有年龄在 55 岁至 65 岁之间的求职者，一些是 985 大学毕业，甚至有海外留学及外企工作的经历。

招聘渠道少，对口合适的岗位少，是职业选择受限的最主要原因。社会的质疑和家人的不解，也让再就业显得不容易。

家人觉得，有退休金，干吗还去上班，还不如在家享清福。

身边人则瞎猜测，是不是家里出了问题，或者是子女不孝，所以沦落到退休后还要去工作的境地。

另外，退休后再就业的保障也让用人单位以及就业者心有担忧。

退休后还想就业，似乎面临着重重困境和阻碍。

但正如前文某地博物馆原馆长吴晓力说的，这一代退休人士拥有自己的技能，不太会被迅速淘汰。

随着互联网、智能手机的广泛运用，电商主播、淘宝模特、KOL（关键意见领袖）等新职业兴起，退休人士的工作市场或许并不小，尤其是有一技之长的人。

BOSS直聘数据显示，2022年，在该平台上活跃的55岁以上求职者数量比上一年明显上涨，明确"欢迎退休人员"的岗位也上涨了三成左右。

早在2009年，嘉善人陆建华就创办了全国离退休人才网，专门对接老人和市场的双向需求，目前注册人数有十多万。

"浙江民营经济发达，企业多，很多人退休后完全可以继续工作。"陆建华的网站设立了人才库，给每位求职者一个固定编号。他们可获取相关岗位信息，对个人用户，所有服务都是免费的。

同样的话，孙勤也说过，原为杭州萧山图书馆馆长的孙勤在退休后做了书店店员，湘湖边小书店的生活让她活力满满，对于退休也充满了积极心态。她笑说应该写一本浙江退休人士的书，浙江人退休后都闲不下来。

不知如何相处的夫妻

在日本，有个词叫"熟年离婚"。没有法律上的定义，人们普遍认为是指接近退休年龄前后的中老年夫妇离婚。

在日本，关于熟年离婚的原因和理由包括但不限于以下几点：

* 对方在家让自己感到有压力

* 价值观的差异

* 性格不合

* 无话可说

* 没有肢体接触，缺少亲密行为

* 对方完全不做家务，不顾家庭

* 孩子已经培养成人

* 由于养老金分割制度的完善，即使离婚也可以领取到养老金

* 受到对方精神暴力或家暴

* 对方出轨

渡边淳一郎在《孤舟》一书里描绘了一个在家被妻子嫌弃的退休男人形象。这个男人叫大谷威一郎，退休以后，由呼风唤雨的首席常务执行董事突然变成了"孤舟"一族。

赋闲在家的威一郎好几次百思不得其解：从前，妻子从来没有用这种态度对待过他。无论什么时候回家，妻子都会到大门口迎接，帮他脱下外套，挂在衣架上，温柔地问他"要不要泡澡"。现在，妻子却变得迟钝或者说是冷漠，到底是什么原因呢？他觉得，要是和妻子在一个房间

待着，只会让他心烦。

其实妻子也是，她每天心神不宁，平静不下来，晚上老睡不着觉，早上睡不醒，仿佛是因为老公退休在家，让她心烦，才变得如此忧郁。有一次，她和威一郎开诚布公地讲道："我老觉得像干了什么吃亏的事似的。你退了休，倒是逍遥自在了，可我的家务活突然间增加了。"后来，妻子干脆搬去女儿家住了。

在书中，这种情绪紧张有一个专有名词——"丈夫在家精神紧张综合征"。这是一种心理疾病，有的人会患上抑郁症，有的是高血压、哮喘或十二指肠溃疡。日本专门有医生给出建议，妻子要多多外出转换心情，丈夫也要多多回应妻子。

一个关于退休的日本电影里也有几个情节，让人哭笑不得，仿佛也是作为退休前的某种暗示和提醒——生活发生了变化，但妻子还有事业可忙，让男主角既羡慕又气愤，忍不住对妻子发脾气。发完脾气后又想做些事来缓解夫妻之间的危机，专程开车接送妻子下班，却打乱了原本的工作进程，接着一股脑儿策划的温泉旅行，却再次遭到正在火拼事业的妻子拒绝。妻子也因为丈夫退休后无所事事而伤透脑筋，夫妻之间危机重重。

有这么一个细节，丈夫到便利商店买便当，却不敢将便当盒丢在家中的垃圾桶，生怕被妻子发现自己今天无所事事。

而在电影《家族之苦》里，丈夫退休在家了，妻子直接提出了离婚，因为看不惯丈夫脱下袜子到处乱扔。

其实不难理解，日本尚有家庭主妇的传统，因为丈夫常年不在家，妻子早已建立了自己的交际圈和生活圈，以至于"空降"的男主人成了多余的存在。男主人往往是刚刚退休，生活缺少重点，过于关注另一半。而从妻子的角度来看，丈夫什么家务都不会干，却要伺候一日三餐，定点定时，不仅限制了妻子的自由，也增加了她的工作负担。于是也有了一个"老公退休综合征"这样的名词，专门形容妻子的压力。

这种因为退休回归家庭而造成夫妻关系紧张的状况，在中国家庭也不少见。退休后的双花姐每天生活排得满满当当，这段时间让她最头痛的就是要定点回去做饭，因为老公退休了。有时候她去上海女儿家，心里还多了个挂念，不知道没有自理能力的老公怎么搞定一日三餐。光是做饭倒没什么，关键是什么都不会的老公最擅长指手画脚，双花姐每次都要忍不住抱怨："自己不是找了个老公，而是找了个盯梢的。"

按照中国的退休制度，大多数女性要比男性先退休，也就是说，在男性正式退休的时候，伴侣早已适应了一个人的生活，甚至意识到"原来没有男人的生活是那么精彩"，此时突然出现，并且长时间都不离开的男性无疑就成了"累赘"。这是再正常不过的了。预计到了这点，我们便可以提前做好准备：女性多点耐性和包容，男性收起在外当领导的官威，双方甚至可以以一种开始过第二人生的新姿态，认真且从容地开始退休后需要两两相对的生活。

心里有数便不会慌张。

退休也男女有别？

事实上，同样是退休，男性和女性的应对和表现的确不同。

出版社为我举办的读书分享会、签售会里，退休女性占了很大比例。她们有些刚刚从瑜伽房里回来，听分享会的时候不自觉地睡着了；有些则是在活动结束后，继续留下喝咖啡；有些看到天色晚了会起身回去做饭；也有些在活动结束后约朋友吃晚饭。但的确很少见到男性。

不仅如此，女性很容易在第一次见面的场合结交到志同道合的朋友，找到住在附近可以经常一起喝茶的友人，甚至是活动的主角。比如我经历过的读书分享会，她们总是在活动结束后上台，向我咨询如何写作，如何平衡工作和生活，也会试探是不是可以加我微信，很想得到所谓"专业人士"的指导。总之，女性仿佛很容易建立起自己的交际圈。

反之，男性大多单独行动。除了和公司同僚或是客户有交集，他们似乎不需要人际交往，哪怕在健身房，他们多半也是独自跑步或是练习器械。

再去看看行走在路上的情况，女性友人相伴周游世界是常态，若是两三位男性结伴而行，多少有点别扭。的确，社会对男性的定位不在"休闲"这个类目里，就算逛街，也大概只有华为、苹果旗舰店能够吸引他们驻足。这些逛街项目，一个人也可以很愉悦。

日本随笔作家岸本裕纪子写过一本关于退休女性的书。她以若干名退休女性为采访对象，继而发现女性的退休生活基本不成问题。因为她发现，女性在职场工作时，面对的不仅仅是工作，还要同时处理家庭问题，家务、子女、长者关怀等。而大部分男性，则是一心扑在工作上。

虽说不能以偏概全，但这样的情况在中国也类似，女性仿佛天生具有统筹能力，能把各方面都打点得很好。不仅如此，在个人兴趣爱好和社交应酬方面也游刃有余。因此，退休后女性往往可以快速进入新的状态，自如应对。

相比之下，"人越是上了年纪，要改变生活习惯越困难"，所以男性一旦结束工作，由于没有平时的积累和习惯，往往容易陷入无聊和空虚。

由此，男性似乎更应该提前准备，对于工作之外的事情保有关心，珍惜朋友和家人，早日越过工作和生活的壕沟。

与子女相处需要智慧

不仅是夫妻之间的矛盾，子女同住的家庭还可能发生两代人之间的矛盾。

《孤舟》一书中有这么一个情节：一个星期前，女儿美佳拿了一本介绍兴趣小组的杂志，从芭蕾入门到瑜伽、太极拳、交际舞、弗拉明戈舞……什么都有。

"爸爸也别老在家里窝着，参加兴趣小组怎么样？"女儿对爸爸这么说。爸爸心里是不服的，他演了一出内心戏，台词是："我用得着你给我安排？"

在家中不被友好对待是一种。还有一种，儿女们还不能适应退休了的长辈。儿女眼里的他们，过去的几十年，那么艰难困苦都走过来了，就相信他们一样可以运转自如地应对自己的晚年。他们无法接受强悍的父母变老了。

退休了的父母和同住的子女产生矛盾，还有一个原因则是父母过多干涉孩子的生活。身边有位大龄单身女青年，生活过得不错。她想得很开，不买房，和父母住在一起，事业成功、朋友众多、天伦之乐都享用了。但最近的她有点烦躁，晚上9点她爸爸准时打电话来问她怎么还不回去，让她一个人在外面要当心。不仅是她，妈妈出去见朋友或是运动，也会被爸爸"催回"。原因是爸爸退休了，开始"管理"家里每个人。

退休后的父母，虽然有退休金和存款，但和家庭成员的相处是需要智慧的。互不干涉各自的生活，保持合适的边界，既是对退休人士的提醒，对子女而言同样有效。当退休人士开始重视自己，重视生活的时候，矛盾也就少了。

抱团养老、居家养老还是去养老院

根据预测，到2050年我国老年人口将达到4.87亿，接近总人口的30%。其中90%以上的养老方式仍然是家庭养老，然而，传统的"中国式养老"正在面临困境。

这几年，闺密们租个房子抱团养老成了很多人的向往。

自媒体上一条名为"五位单身姐姐的养老之家"的热搜曾引发人们关于抱团养老的热议。成都有五位年过五十的退休阿姨，互相都是二十几年的好友，平时独居，没事聚在一起。她们不想和儿女同住，不想给他们增加负担，便商量着不如一起搭伙过日子。闺密们根据风景、空气、就医条件等因素，最后选中了丽江，把老房子推倒重建后作为姐妹们的养老宅子。网友们羡慕不已：有这么漂亮的房子，有这么好的老闺密一起养老，人生真是完美。

日本七位阿姨，买下同一栋公寓一起养老，已经在一起生活了十年，日子过得舒心快乐。日本 NHK 电视台还专门为这些老人做了一期名为《七位一起生活的单身女人》的节目。

中老年人 AA 制吃饭游玩、住一起，这种拼团游玩的方式太潮了！如：

北京 15 位 70 岁老人"同居养老"，种菜喝酒下棋不亦乐乎。

4 对老年夫妻抱团养老，人生打开了新世界的大门。

6 位白发闺密走 T 台、穿时装，这才是真正的抱团养老。

……

随便一搜，同类新闻越来越多，所属门类也越来越宽，可以是文旅新闻，可以是家装案例。

从闺密变家人，从小家到大家，这些案例仿佛都给人们展现了人生的另一种可能，让自己的晚年有质量有尊严。

"抱团养老"的概念起源于20世纪六七十年代的丹麦。主要指志同道合的老人，不依靠子女，离开传统家庭，搬到同一个地方搭伴居住。国内现在也有多种抱团养老的形式，有对外出租自家闲置房的，有花钱造别墅招募志同道合者的，有同学或朋友一起到外地租房的。

看似美好，抱团养老也有自己的局限。

日本七姐妹中很快就有人因为疾病离开，当初整整齐齐的姐妹团分崩离析。能够自理时，生活到处都是阳光，一旦生病卧床，生活处处凄凉。这也正是我们在第一章里提到的退休后的三个阶段，如果进入了第二阶段甚至第三阶段，理想化的抱团养老显然不合适。养老很现实的问题是：如果久病卧床，依靠和救济还能不能实现？

就算还处在精力旺盛的退休后第一阶段（60~75岁），生活习惯的改变也是对老年人最大的挑战：有的人睡眠浅，一点小小的动静都能吵醒；有的人几十年来都晚睡，在楼梯和房间走来走去发出声响会影响他人。除此之外，还有饮食习惯、经济能力的千差万别也会给退休人士带来很大的精神内耗。

除了个人组织的抱团养老，集体式养老是否可行？

1998年在上海成立的安康通就是中国最早的紧急救

援公司，后被上市公司南京新百收购。

朱伟 2019 年掌管安康通以后，根据中国现代养老发展需求，开创了链式科技养老模式。安康通的做法是，在一个城市中，以一个养老服务综合体为中心，布局十个或者多个社区作为养老服务中心及护理站，通过"线上线下结合、居家和专业机构服务相结合"的手段，为辖区内万名居家老人提供闭环式康养服务。

康养看起来商机无限，中国的养老产业也的确度过了初创期，目前处于成长期，但朱伟依然觉得存在很多现实问题。比如中国老年人社会性养老的支付能力和意愿；中国的土地问题，如何获得既便宜又离城市近的房子作为养老机构的基建；软实力上的服务有待加强。在日本或者欧美，照护人员必须同时具备养老技能、护理技能和心理学知识，但在中国并没有照护师资格证作为行业入门门槛。

朱伟提到一个有趣的现实：目前护理人员集中在50~60 岁、退休前后的人群中。也就是说，低龄老人服务高龄老人成为普遍行业现象。年轻人虽也慢慢进入行业，比重依然低。一方面是收入的失衡，另一方面是共情力的欠缺。养老行业其实是靠人做出来的，需要护理人员有匠心精神，人不是机器，这也使得其很难连锁。

近些年房产、医疗、保险等领域的巨头纷纷布局养老产业，这些布局，以及随后的购买，从生产端与消费端两个侧面体现着城市的老龄竞争力，谁都无法忽视。

这几年，智慧养老、医养结合又让养老机构日臻完善，加上人们的理念更新，养老院也有了新的模式，人们索性把抱团和地产式养老院结合起来，退休后住在家里，却依然能享受到上门的服务，以及和老伙伴在一起。

杭州良渚文化村随园嘉树就是一处典型的新型养老机构。管家提供上门家访、生活保供、亲情联系、出行陪同等服务，日常随叫随到。园区内配备餐厅，解决老人吃饭的问题，解放双手。学院还设置了近10门课程，20余个俱乐部，每年百场活动，供老人们自由挑选。入户保洁、工程维修等服务也会及时响应，方便在住长者的生活。而在长者最关注的健康方面，园区配备健康管理中心，为每位长者建立健康档案，提供日常量测、入户探访、紧急救助等服务。

身边有一位朋友，两代共五位亲人，一起入住养老社区。

朋友的母亲95岁，早几年独自居住在杭州老城区老小区；朋友的妻子刚退休，身体也不好；他的两位姐姐分别住在城市两头，平时照顾老人都要穿城而过。反正子女也已成家，大家想了想，索性搬到了一起。大家在一起，没有陌生感，还能随时顾得上。

无论是抱团养老，还是进养老院，或者是两者结合——抱团进养老院，都是"人是群居动物"的体现。

哈佛大学医学院成人发展研究所在过去70多年里进行了一项名为"人生全程心理健康"的研究，历经四代科学家团队，跟踪了700多位研究对象，现研究所所长瓦尔丁教授在一次TED演讲中说："在长达几万页的数据记录中，我们得到了什么结论？不是关于财富、名望或更加努力工作，我们得到最明确的结论是，良好的人际关系能让人更加快乐和健康。"

我们总想离朝气蓬勃的生活更近一点，不愿被拉到暮气沉沉的环境里。

第四章

稳中向好的退休理财计划

退休人士的财务观应该是"稳中向好"。

养老金和企业年金，安度晚年的底气

养老金，又名退休金，是一种社会养老保险待遇。当人们年富力强时，所创造财富的一部分被投资于养老金计划，年老退休后，国家按月或一次性以货币形式支付。这是一种保证老有所养的保险待遇。

在国内，养老金一直是人们退休后的最大倚靠。就算在农村，大部分农户都会加入城乡养老保险，这就是新农村合作养老保险的由来，一种承受力强、保费较轻的养老保险，使得大部分农村老人能够承担起。也可以在年轻的时候一次性付一笔钱，到年龄后逐月领钱。这是国家正在大力推广和普及的养老方式。甚至有的地方，父辈们的退休金比年轻人的工资还高，出现了"退休金倒挂"的现象也不足为奇。

而在大型国企，可能还会有"年金"这种好事。所谓"五险二金"中的"二金"就是公积金和企业年金。企业年金的缴纳基数和社保的缴纳基数一模一样。都是以上一年度的月平均工资为基数。领取方式可以按月领取，也可以一次性领取。

社保养老金，加上企业年金，可能并不比上班时的工资低。很多年轻人表示"回家就听到父母说起涨工资了"，网上也随时会发布关于养老金涨幅的好消息，在一定程度上是人们安度晚年的信心和底气。

从高校退休后的坤哥身兼一堆职务，手头还有好几个课题在做，人却比在职时更精神，那些慢性病的指标也在退休后变好了。问其原因，是每天坚持锻炼身体，不是爬山就是打乒乓球。比起工作时每天卡着点上下班，只能靠走路上下班来减脂，现在更自由。更重要的是，"反正已经拿养老金了，经济上没有压力"。

无论怎么样都有保底的月钱可拿，无疑是人们退休的勇气。不用妥协也有经济来源，也从侧面印证了退休后的"黄金十五年"的存在。

退休人士的金钱焦虑

2018 年，日本 NHK 特别节目录制组出了一本名为《老后破产》的书，光听书名已经让人不寒而栗，再看副标题——"名为'长寿'的噩梦"更是叫人为未来担忧。

建筑公司老板娘在独子过劳死、丈夫病逝之后顿失依靠，有病痛不敢看病，只求节省开销；宠物店老板关掉店铺专心护理重病的母亲，送走母亲后却无法再次就业，只能卖掉与母亲共同生活的房子以维持生计；中年失业的子女，仰赖双亲的养老金过活，最后却两代人双双破产……

有存款，有房子，有退休金，却因为要支付自己或家人的医疗费用而用尽家产。也可以接受生活保护，但前提是无房、无存款。如此恶性循环，还是落到了老后破产的境地。

啊，真的是越长寿会面临越多的财务危机吗？

更可怕的是，老后破产不只是老年人的问题，全书还直击正在工作的年轻人。他们已经意识到，说的是"老后"，却和自己息息相关，"不趁现在攒钱，将来我也会这样"。也由于日本经济衰退，人均收入减少，物价上涨，种种危机叠加，很多年轻人为照顾父母辞去工作，失去收入后很快也陷入了"破产"的窘境。意识到老后破产，很多人都表示了焦虑。但更焦虑的是，完全不清楚退休后究竟哪些地方需要花钱、具体需要花多少钱。对于未知的恐惧是人类共通的情绪。

本书的建议是，提前准备，就是对已有的资产随时进行评估，是对自家经济状况的随时掌握。

鉴于经济衰退，日本普遍的"老后破产"，作家楠木新在《退休后》一书中提议每个人都应该做一个资产评估。可以由专业机构进行评估，不过作者有自己的方法——他每半年会将自己的资产做个一览表，以便于把握收支动向。由于一一记录每笔收入与支出的做法略显烦琐，他选择每半年一次，制作企业常采用的借贷对照表，只需要在固定的日期将储蓄额与资产的评估额记入。固定资产折旧也只包括住宅与车辆这两个大件。他认为，长年坚持制作一览表不仅有助于掌握资产情况，对于家庭收入与支出的情况也能有所把握。

要相对客观准确地解决养老问题，要考虑到退休后至少20年里可能会有的支出和收入所得。

在花费方面，至少有如下三个方面：

第一，基本生活开支，衣食住用行。这里要特别注意的是，生活开支也许并非你一个人或是你和老伴儿，你可能正处于"上有老下有小"的夹心饼干阶段，你的父母，差不多在八九十岁的高龄时期需要你的照顾。

第二，提升老年生活品质的娱乐性开支。有数据表明，和年轻型家庭相比，老年型家庭在旅游方面的支出几乎与之持平。可以说，"报复性出游"是他们退休后的首要任务，一年一两次的长途旅游是个大头。除此之外，平日里的吃饭、喝茶等聚会也会有一定花销。

第三，充分的短期医疗费用，及长期疗养康复的支出。随着年纪增长，这部分会是个大头。有病得治，需要花钱；

孩子们忙，可能还得找保姆；病情复杂点，还得考虑长期疗养的费用。

与此同时，退休也意味着一部分不必要的开支可以削减。我们可能不需要像工作时那样购买新衣服、高档数码产品，而是步行代替开车，自己做饭代替外出就餐，选择便宜实用的商品。

同时，也要合理盘点其他收入来源，比如房屋租金、退休后兼职工作或者投资回报。

有了对已有资产的正确认识，还要有合理处理资产的态度。不轻易动用退休金：尽量避免在退休早期就动用退休金，特别是有早期提取罚息或高昂手续费的情况下。让退休金继续增长，以备不时之需。

这么一盘点，心里就有谱多了，焦虑感也随之降低。随后，人们也可以通过购买商业保险，让人生更具稳定性，提高抗风险能力。

寿险规划师沈俊讲过一个故事：我们必须要走进一个沙漠，提前告诉你的是，进去后就无水可取了。但有两个方法，一个是可以提一大桶水进去，另一个是每隔一公里给你一点水。大多数人都会选择后者，其实这就是养老的提前规划，如何通过资产的提前配置产生涓涓细流。

商业养老保险的合理补充

童老师是一个很有养老意识的人，她在 20 世纪 90 年代就买了当地一款商业养老保险。

"那时候一个人带孩子（注：童老师和前夫的孩子），没有安全感，那个保险价格不高，负担得起，还能让我在退休后享受到一定福利。尤其是，如果我死了，儿子还有一笔钱可以拿。"童老师年轻时的经历不经意塑造了一个有远见的自我形象。

去年，童老师 55 岁，保险启动，每个月都可以拿到一小笔钱。考虑到如今经济条件不错，自己也还在职，便把养老金一次性取了出来。对于生活是极大的补充，尤其儿子还在日本求学。

商业养老保险是对社保的一种补充，属于商业保险的一种。在被保险人年老退休或保期届满时，由保险公司按合同规定支付养老金。

常见的商业养老保险有年金险和增额终身寿险两种。

第一，年金险。一次性或按期交纳保险费，储蓄属性强，不能随意取钱。适合有储蓄计划，长时间内不会挪用资金，想给未来一份安全保障的人群。

第二，增额终身寿险兼具储蓄和身故保障，保额会随着时间的推移而增长，且能保终身，身故了保险公司会赔付。最大的特点是领取的灵活性，如果中途急需用钱，可以减少一部分保额，领取部分现金价值。增额终身寿险适合有储蓄想法，但又对今后的资金使用情况不确定的人群。

选择商业养老保险也有一定原则，切勿盲目。

首先，明确自己的需求。市面上的商业养老保险大致分为传统型、分红型、万能型和投资连结型。各种养老保险特色各异，投保人应咨询规划师，并根据家庭自身情况有选择性地予以投保。

其次，选择合适的缴费方式和额度。为了保障老年生活质量，购买商业养老保险时，需要把保额做足。而在缴费方式上，一般建议期缴，而不是一次性缴齐，避免过多保费给当前的生活造成负担。

最后，选择适合自己的领取时间和方式。一般来说，50岁后就可以领取，之后55岁、60岁、65岁等几个时间点也可以领取；领取方式可以像童老师这样，一次性领完，也可以每年定额领取。要根据自身实际情况选择。

注重全面保障

商业养老保险是万能的吗？有了商业养老保险就可以

"活到老，领到老"了吗？

寿险规划师沈俊认为，商业养老保险是社会基本养老保险的补充，属于锦上添花。随着年纪越来越大，身体机能逐年退化，退休养老时面临的风险也会随之增大。也因此，全面保障是购买商业养老保险时要考虑的重要因素。她更建议选择组合产品，从而规避重大疾病和意外伤害带来的风险。

尤其是针对预算不足的退休人士，沈俊的看法是，应该把有限的预算放到保障型产品上，如重疾险、定期寿险、意外险、医疗类保险等。

"买保险的原则是先保障，后储蓄，而商业养老保险其实是储蓄型，切记不要本末倒置。" 沈俊说。

如何挑选保险公司和寿险规划师

能开保险公司，实力都不能小觑，国家对保险的监管也非常严格。所以，千万不要以为自己没听过就是不好的保险公司，所谓的"名气"也并不是选择的唯一指标。

我们选择保险公司，可以从它的历史表现和口碑，观察和分析其"偿付能力"和"理赔情况"。

偿付能力是衡量一家保险公司是否具备偿还债务能力

的动态指标。简单来说，用来衡量保险公司有没有足够的钱用以赔付。偿付能力充足率越高，保险公司的风险就越小。

而理赔情况，就是看保险公司爽不爽快，在遇到理赔的时候，能不能赔，多久才能赔。这些都关乎人们的切身利益。

有了靠谱的保险公司，如何挑选一名适合自己的寿险规划师，是很多人决定下手保险产品的先决条件。除非自己本身就一个金融达人，一般人都希望能多听到规划师们的讲解和分析。悖论则是，已经有警惕心的退休人士，听得越多，可能越是心生疑惑，觉得自己会不会被"花言巧语"所骗。

寿险规划师沈俊给出几个甄别方法：

第一，了解对方的背景。

有没有短期内跳槽过多家同类型保险公司，以此可以判断对方是否具有深耕的精神。

"理财师在第一次见面、做自我介绍时一般会提到自己过去的经历，有些还会津津乐道于丰富的履历。如果没有，你也可以问，这个时候你就是一个面试官的角色。"沈俊提到。

第二，了解对方过往的业绩。

保险理财行业有很多荣誉，比如 MDRT，百万圆桌会议（The Million Dollar Round Table，简称 MDRT）是全球寿险精英的最高盛会，堪称保险界的至高荣誉；还可以从是否为知名行业协会会员作为判断，比如 IDA（国际开发协会，世界银行的两大附属机构之一）、LIMRA（美国寿险行销调研协会）等全球知名且被认可的协会；也可以从侧面了解对方过往两年的保单持续率，来判断人品以及靠谱程度。

第三，了解规划师是否在做兼职很重要。

"我们一般认为，兼职做保险的人肯定不如全职的人用心。毕竟，无论是客户维系还是新产品学习等，都很花费时间。"沈俊说。

在成为寿险规划师之前，沈俊是银行职员。通过两份工作的对比，她的个人感受是，寿险、养老类产品和一般的银行理财产品不同，是专门的细分门类，需要专业的人做专业的事。

如何挑选保险产品

保险产品很多，适合退休人士的保险大体可以分为三类。

人寿保险

人寿保险简称寿险。以被保险人的寿命为保险标的，且以被保险人的生存、全残或死亡为给付条件的人身保险。寿险可以划分为定期寿险、终身寿险、两全保险和年金保险。

一般而言，寿险的功能主要在于保障家庭支柱的家庭责任，以及财富传承和筹划。

其中，养老的年金保险便隶属于人寿保险，是一种特殊的生存保险。年金保险以被保险人生存为支付条件，只要被保险人没有身故,每年都可以从保险公司领取一笔钱。具备理财、子女教育储备、养老等功能。

健康保险

健康保险一般是在疾病或意外事故所致伤害时发生的费用或损失获得补偿的保险。主要险种为重大疾病保险（简称重疾险）、医疗保险（一般分为普通医疗险、意外伤害医疗险、住院医疗保险、特种疾病医疗保险等）。

意外伤害保险

被保险人在保险期限内，发生了意外伤害事故，造成了死亡或者残疾，保险公司按照合同约定向被保险人或者受益人承担支付保险金的责任。

意外险分为普通意外伤害保险和特种意外伤害保险。意外险回归了保险保障的本质，是保险产品配置的基础。可以通过一份意外险，小额的花费规避大风险，真正发挥保险的高杠杆作用。

意外险一般都是一年期，到期后续保。

市场上人身保险的各类产品，包装、概念五花八门，我们通过以上梳理，具体是什么保险，属于哪个大类，可以保障哪些，心里大致有个数。

我们发现，重疾险的作用是收入损失补偿，医疗险是报销医疗费用，尤其是大额医疗费用，意外险防止意外伤害的风险。因此，对于五六十岁的人，或者年龄更高的老人，重点需要解决的风险是医疗，而不需要购买重疾险。

老年人买保险，主要会遇到年龄限制、健康限制，同时对老年人来说，往往保费高，保额低，杠杆不高。举个例子，防癌险的理赔是根据病理报告，而老人如果通过体检或是初步检查出疑似癌症，一般来说是不会去做病理确诊的，因为这关系到创伤性检查。既然无法确诊"癌症"，防癌险大概率是赔不到的。

所以，在选择产品时，尽量涵盖面更广。应优先考虑综合的医疗险，再考虑防癌医疗险。比如说百万医疗险就比防癌医疗险保障更全面。可以的话，先考虑百万医疗险。

另外，买医疗险基本都要提供体检报告或做健康告知，以供保险公司核保。建议选择核保结果更好的产品。因既往症除外的部位越少，保障覆盖得就越全面。

退休者的理财守则

我们用人生中最美好的时光去积攒资本，以保证在退休后能过上理想的生活。但是，如果对待财务的态度出现了问题，退休生活的质量可能会受到很大影响。《美国人的退休生活》一书中总结了退休者应该留意的七个理财守则：

第一，学习那些你不知道的东西。如果你还不知道怎样去读理财报告、平衡投资组合或执行其他基本的理财任务，那就要抓紧时间补上这些知识。网上有许多教育课程和学习指南，它们用通俗易懂的方式解释了保险、投资、退休计划等基本原理。图书馆也有许多能参考的资料。

第二，当心掠夺者。这个世界上有许多靠欺骗退休者或老年人血汗钱为生的人，绝不要听信他们的花言巧语或恐吓威胁。此外，还需要警惕那些向你借钱的人，尤其不要轻信那些你从未听说过的来访者或他们代表的所谓的组织机构。在与一名新的理财顾问共事前，你应该先查询一下这个顾问是否有相关的执业资格。

第三，丰富你的资产。将投资分散到几个不同领域（例如股票、债券和不动产等），因为将所有鸡蛋放在一个篮子里更容易遭受财经剧变的影响。如果你大部分的资产仍然只有之前公司的股票，那么你就要考虑重新分配那些资金了。

第四，不要过度害怕风险。虽说谨慎是投资的基础，但并不是说任何投资都以无风险为第一要务。你可以把资产的一小部分拿出来购买股票。存于动态储蓄和货币市场的钱的确是安全的，但随着时间的流逝，这些钱会越来越不值钱。

第五，提前制订计划。资产中总有一部分风险无法避免，但现在还没到你能处理它的时候，不妨提前研究对策并制订计划。此外，你需要为后代考虑，决定好遗产的分配，这样可以有效地避免财产受益人或后辈之间的不必要纠纷。

第六，不能带走，不如放下。你的受益人或后辈会为你的慷慨而对你感激不尽，你也一定会因此感到满足。如果你有足够的财产，那么考虑为后辈们留下一些吧，这些钱对初入社会的他们来说一定大有用处。

第七，不要让金钱控制你的人生。也许你的资产会在不同程度上影响你的人生，但请记住千万不要把钞票当作人生的全部，吝啬苛刻的理财计划只会让晚年的你成为一个令人讨厌的守财奴。我不是支持挥霍，只是想说，生命短暂，金钱不代表所有。如果你一直梦想拥有一艘帆船，现在就到了去买下它的时候。毕竟，退休，是你去尝试那些一直想做但没能去做的事的最后机会了。

通过和几位金融界人士的交流，本书也给出几点适用于中国退休人士的"理财守则"。

第一，守住本金。保证有一部分资金是自己的，是无论如何不会被挪用的。如果要支援子女或是第三代，支援多少心里要有数；如果要创业，拿多少比例出来合适，都要有一笔清清楚楚的账。

第二，切勿加太多杠杆，以防止财务危机。前几年，很多老人因为手头有两三套房子，自信房价会涨，觉得自己还是有钱的，但如今的现状让人措手不及。这个时候或许应该考虑不动产的处置，在保证有一套自住房的基础上，将财产分散处理，所谓"鸡蛋不要放一个篮子里"。

第三，管理欲望，理性消费。看上一辆车，几十万下去，可真的就没了。问问自己，今天花出去，还能不能挣回来。

第四，保持头脑冷静。一方面是情感上，不被花言巧语所骗，老年人孤独，对方一声"阿姨""叔叔"就掏了钱；或是被养老旅游、民宿卡等小恩小惠冲昏了头脑，已经不是新鲜事。另一方面不要被高额利息所蒙骗，太美好的愿景不要贪图。

第五，有事找社区。不会有人无缘无故对一个老人家好，有事找政府、社区，大多数城市的成熟社区都有志愿者，向他们求助或是咨询。

总之，退休人士的财务观应该是"稳中向好"。

第五章

重塑自己，和社会关联

人生的下半场要意气风发，活出只有自己才能获得的精彩。

积极老龄化

很多人经历了工作、结婚、育儿等操劳的大半生，当退休来临，突然发现生活失去了重心。于是，怎样重新找到自己，成了他们迫切的愿望。

2002 年，马德里举办的第二届老龄问题世界大会就提出了"积极老龄化"的新思维，并把"参与"列为其三大支柱之一，以应对日趋严重的人口老龄化挑战。

"积极老龄化"是将生命老化看作一个正面的、有活力的过程，倡导老年人继续参与，为社会做贡献。这种参与和贡献可以有多种表现形式，创业干事是一种，公益服务、充当社区义工是一种，旅游、健身等也都是。

吴晓力曾提到，他对提前退休的负面情绪，很大程度上来源于小区里那些大谈国是的老人。他们离开了岗位，家里也帮不上什么忙，就和差不多心态的同伴"挥斥方遒"。吴晓力觉得有点可笑，也有点可怕，他不想成为这样的人。

如今，随着智能手机、移动网络的普及，如今的退休人士普遍眼界广，思维开阔，他们不再认为退休就是职业生涯的终止，甚至活出比在职时更精彩的人生。

金融行业工作的金虹恪尽职守，做到了中层，却一直是领导和员工之间的"夹心饼"，整天受气到怀疑自己要得乳腺癌了。没想到在退休后，成为民宿咨询师，只要她把脉过的民宿，都能打翻身仗。而她也在与气场相似的人的相处中，以及全国各地的奔波中找到了不被束缚的乐趣。她投资了几家民宿，最远到了新疆吐鲁番，杭州人金虹现在已是"新疆通"。最可喜的是，她在退休后，从"药罐子"变成了"女战士"。

年轻的时候就能活跃在各自的领域，并能在该领域风生水起，是一件幸事，是能力也是运气。也有很多人，只是职场中普通的一员，但不妨碍他们在退休后找到自己的"第二人生"，甚至将暮年视为放手一搏的最后机会。有目标，也有足够的时间和较少的束缚，活得比上班时更精彩。

年老未必是束缚。亨利·华兹华斯·朗费罗写过一首诗，敦促年事已高的同窗要让自己一直忙下去，一刻不停地忙下去，所谓"积极生活"。尤其是"一切都为时未晚"这句诗相当诱人。他觉得，六七十岁的人，可能正处在各自领域的巅峰。

请相信，人生下半场才是决胜局！

与社会关联，活出自己的精彩

这几年又开始流行的哲学流派斯多葛派提倡，在生活中取得进步不是一种孤立的经历，它需要与志同道合的人在一起。

心理学家、存在主义哲学家埃里克森也曾这样写道："对于所有人来说，要想安度晚年，关键在于同人类——他称之为'我的同类'——建立关系。"

如果我们将退休人士限定在有固定单位、拿固定收入的这部分人，还有一部分不上班的自由职业者，他们早早脱离体制，习惯了独自面对社会。我们从与社会关联的方式和密切程度上区分上班的人和自由职业者。

前者，也就是传统意义上的退休人士，一般有三种与社会关联的方式。

第一种，继续留在原单位中工作，比如返聘。

第二种，利用原工作的资源，自主开展相关工作。比如，原博物馆馆长开始涉及全省的博物馆评审、筹建等工作，文旅行业公务员退休后为各地文旅局做咨询等。退休为他们提供了更广阔的空间，他们成了年纪稍大一些的自由职业者。

第三种，选择与先前完全不同的工作和生活方式。比如退休后去开店，去完成年少时看似离经叛道的梦想：组建乐队、做个裁缝、周游世界等。

参与社会的过程中，老年人会释放其一辈子所积累的财富，用来反哺社会，为年轻人创造新的就业岗位，刺激城市经济的发展。在社会上被称作"银发经济"。

每个人都会因为自己的实际情况而选择不同的与社会关联的方式，没有优劣高低之分。兴趣爱好已经成了第一要义——都到了人生后半程，当然要为自己想想了！

明确自己是否擅长、是否真的有兴趣，依然是下半程人生的重中之重。人生的下半场要意气风发，活出只有自己才能获得的精彩。

让爱好发挥作用

书写到一半时，正值炎夏，应阿里巴巴的朋友之邀，参加了一场特别的"爸妈夜市"。

爸妈夜市，顾名思义，就是退休了的爸爸妈妈们作为摊主来摆摊，而他们卖的，也就是自己的"绝活儿"。

退休前在当地开幼儿园、辅导班的义乌人缪阿姨为夜市织了很多毛衣，但她一直在担心三伏天卖毛衣会不会太奇怪。结果有人一口气买了7件，还非要加她微信，她悬着的心才放了下来，笑容舒展，说了一句特别打动人的话："我就是喜欢织毛衣。"

年轻人其实很难开心地说我就是喜欢什么。更多时候，根本闹不清到底是"喜欢"还是"需要"。所以，缪阿姨这么自然而然地说了出来，很让人羡慕。他们退休了，的确可以追求单纯的快乐了。

山茶妈妈是个剪纸手艺人，一个晚上下来收入600多元（全部作为公益捐赠）。而这些手艺都是山茶妈妈退休后自学的。

据说本来还有个会写诗和书法的爸爸，但他觉得自己那些"手艺"不值得登台，会让人嘲笑，就没来摆摊。

不管怎样，这场"爸妈夜市"让人看到了退休生活的各种可能性，退休后赋闲在家的爸妈们也欣喜地发现，原本以为小打小闹的手工活儿居然被人喜欢。

如今，很多子女借助网络"秀"父母退休后的"绝活儿"，其实也是子女在为自己找回快乐。小小的技能被继续认可，是退休爸妈找回快乐的方式之一，那就让这些爱好发挥作用吧！

让爱好收到正向反馈

花花退休前一直喜欢画画写字，无论在部队还是转业后到军区医院，都是包揽黑板报的那个"才女"。退休后，花花便在老干部大学继续学画画。因为有功底，画得自然比别人更好。

2017 年，家里出了变故，对花花造成了极大打击，她突发脑梗后半边偏瘫。经过治疗，偏瘫是好了，但右手却很长时间无法做精细动作。恰恰这些精细动作对康复极为重要。这时，家里人就鼓励她重拾画笔。

但那时，一向自信骄傲的花花已经对自己没了信心。

儿媳兮兮在那时突然意识到，如果只是让婆婆在屋里一个人画画写字，或者身边人夸她画得好，那是远远不够的。婆婆需要的是更广泛的正向反馈。简单来讲就是认同感，让她觉得老有所用。

家里人一边鼓励花花画画，兮兮一边把婆婆画的扇面送给同事，拍了很多同事拿着扇子笑开花的照片。花花很高兴，觉得自己还是有点用处的，画的扇子能被人喜欢，劲头就更大。兮兮趁势鼓励婆婆画西湖十景，自己出差时随身带着那些扇子，送给国外的大学教授，再拍照片发回来。婆婆果然受到了鼓舞，她常常画上大半天，用她自己的话说："时而沉浸在花鸟虫鱼之间，时而沉浸在祖国大好河山之间。"她觉得那是一个人对大自然的热爱、对生活的信心。也由此，身体恢复得很快。

如今，扇子已经成了花花自制的见面礼，她喜欢送人扇子，也喜欢跟人讲扇子背后的故事。

"我婆婆现在碰到谁都送扇子，实际上她需要支持和反馈。"兮兮说。她一直觉得，如果爱好得不到正向反馈，则很难支撑下去。也因此，如果等到退休后，或者遇到问题后再去培养兴趣爱好，在某种程度上看是很难第一时间得到积极反馈的。

退休后失去了很多社会身份，出现了诸多情感空缺。年轻人尤其是身边的亲人，应该给予退休人士更多理解和包容。

"我觉得整个社会应该给予退休人士更多的展示空间和平台，可以为他们举办一些才艺展示、小晚会什么的，让他们的爱好不只是'小打小闹'。"兮兮说。

让技能重新被需要

在阿里巴巴举办的爸妈夜市上还有一面"求职墙"，作为"需求方"和"供给方"的一座桥梁——55岁刚退休的女性在墙上留下了电话，期望做一些和收纳、遛狗相关的工作；还有两年才正式退休的女性，提出可以"绘画教学"，地点在阿里巴巴园区附近；另一位年轻人，正想找一位闲暇之余能帮着遛狗的人。

"在异乡打拼的年轻人生病了想有人照顾，吃一碗妈妈的鸡汤；我要出差了，家中的猫猫狗狗怎么办？喜欢植物但是养不活；电灯螺丝坏了，找人来修太贵，爸爸在的话多好……我们自己的爸妈可能不在身边，但是别人的爸妈可以帮到你啊。"1998 年出生的花逍，是阿里巴巴第 200 个社团"宝藏爸妈公益幸福团"的发起人之一。两个月前，她通过内网帖子"晒一件你爸妈比你更牛的事"招募团队成员，一下子吸引了 3000 多人关注，还成了公益热帖。

花逍说多少是被"陪诊师"这个职业启发的。第一次听到陪诊师时她心里"哇"了一声，这个职业可太好了。自己在杭州工作，如果生病了，父母不在，她的确需要一个像妈妈这样的人。城市发展得虽然快，但古老的需求还存在着，比如把衣服改得合身些，比如在腰带上多打一个孔，比如换个名包的拉链……这些需求并没有消失，而我们的爸妈们可以胜任。

也是因为这样的原因，花逍和团队发起了这次"爸妈夜市"。

花逍的妈妈去年退休。当她要同时面临"自己退休"和"子女彻底独立"时，生活突然没了重心。花逍对此的描述是："妈妈特别失落，觉得自己是个退休老太太，买东西都不会买特别年轻的，觉得和自己的身份不相称。"

而在花逍眼里，退休并不意味着什么，妈妈可是很能干的，会做饭，会照顾小动物。她想给妈妈开个花店或是宠物店，让妈妈有事干。但妈妈没接受，她觉得开店很难，要承担风险。

　　"新潮的退休理念得慢慢渗入，但凡身边有一个退休后把自己的爱好变现的例子，他们就会有信心。慢慢地，全新的退休生活局面才能形成。"花逍所在的阿里公益团队便萌生一个为爸妈找平台的想法，就像那些招聘网站。

　　从来没人想过做平台吗？不见得。

　　一部分原因是钱。试想，猎头公司介绍老头老太太能拿多少佣金，另外是用户是否可以自主使用。当事人需要有能力鉴别岗位、管理资金，但对于退休人士来说，或许还得依赖子女。网络难免存在安全隐患，无论情绪还是健康，都限制了老年求职平台的完善。花逍这批年轻人就想让退休人士遇上需要他们的人，"爸妈夜市"算是一次宣告，告诉大家——我们开始啦！

　　有了引子，接下去就是"爸妈课堂"。

　　每个人十分钟，分享一个小技能，门槛降低后的"抛头露面"让爸妈获得更多自信。

　　如今的退休人士必然要面对更多的改变。

　　如何改变呢？他们内心也许并不容易被撼动，却容易受到周围人的影响,如果身边大部分人都在用另一种活法,他们可能就顺势而为了。从高知人群着手,再向周围蔓延,花道和她的团队认为组织"互助小组"或许是个好办法。在这次爸妈市集上,他们发现有心理学老师,那就做一些心理学讲座,爸妈如果愿意来听,他们会有所改变。

退休人士的技能除了能发挥余热,还能成为艺术。2020 年初,上海社区营造民间团队"大鱼营造"和得译工作室联手将一处老小区内的地下防空洞翻新成公共空间,与 40 位"艺术家"在虹仙小区地下防空洞共同创造了一个临时的节日。这些艺术家里,就有退休人士。没有网络,更没有 5G,只是一个民用防空洞,却有着手表修理、衣物晾晒、魔术表演、深层聆听、即兴舞蹈、造纸、橱窗布景和单色画等这些看似毫不搭界的东西。它们神奇地相遇,打开了另一个相互关联的平行现实。

退休之后,创业!

日本的一本名为《从 60 岁开始的小型创业》的书,描写了退休后和中年之后开始拓展新事业的人们的故事。在序言里,作者认为"退休是开始真正意义上的'工作'的契机"。

退休后创业的案例有很多，"橙王"褚时健74岁回到最初的农民角色，打起了土地的主意，创立了"褚橙"品牌。

退休后创业的褚时健步履缓慢，他和老伴儿、技术人员会为一个小点琢磨好多年。比如用五六年时间去调试橙子口感中和谐的酸甜比例，用十年时间把土地含有的有机质提高了两个百分点……

"高龄创业"在褚时健看来更能应对危机，因为年轻时该踩的坑都踩了，此时的人生更值得品味。

银行退休的金虹在做了几次民宿试睡师后，因为对财务、人力资源的敏感，无意中变成了民宿行业的"把脉师"。年过半百创业，开始了全国各地的民宿咨询。从筹备期的人力物力测算一直到开业前的宣传推广，她都在场跟进。对金虹来说，退休后的创业更有底气，因为有养老金在，不会像年轻时难免"为五斗米折腰"，做项目更从容。也因为是自己选择的创业项目，喜欢并擅长，做得顺手，束缚少。

在《C位观察》节目中，著名经济学家、立法专家朱少平提过一个概念——"退休再创业"，建议组织60~75岁的退休人员再创业，去照顾75~90岁的老人或身体不好的老人。他的初衷是，这两类人群有共同语言，能够更好地相处，同时也能最大程度解放年轻人，让年轻人安心出去工作，去教育下一代。虽然也遭到了很多反驳，认为退休人士本身身体状况在走下坡路，再做护理并不妥等，但在某种程度上未尝不是一种选择。

退休人士创业，"适合自己"是很重要的一点。同时，选择项目时最好谨慎一些，最好是利用自己丰富的经验和知识，以及人脉资源与别人合作，以便降低风险。

"跨代共居"正流行

根据国家老龄科学研究中心数据，2020 年，我国空巢与独居老人数量已超过 1.18 亿。美国国家科学院也曾指出，独居将增加老年人的死亡风险。

"跨代共居"养老新模式——无血缘关系的年轻人与老年人共住，逐渐在国外流行。

源头可以追溯到西班牙地中海港口城市阿利坎特。最初，当地政府为老人量身打造"老人村"，尽管生活环境优良，但老人感到很孤独。因此当地政府在2003年推行"跨代共居计划"，让收入低、有爱心、有社工经验的青年入住。

在荷兰小镇代芬特尔，一家养老院在2013年提出了"跨代共居"交换计划，只要平常和院内老人一起用餐、聊天，教老人使用电脑或者购物，就能免费提供宿舍给学生住。这座有160名老人的养老院，约有6名在附近读书的大学生入住。

巧的是，十多年前，我在杭州的姨婆就是"跨代共居"的实践者，当然，那时并没有这么确切的名称。

姨婆是那个年代的浙江大学法律系高才生，三姐妹中，作为老大的她一直定居杭州，她的两个妹妹，也就是我的外婆和小外婆住在90公里外的老家。姨婆没有孩子，先生几年前过世，先生的孩子在北方。她一个人住在西湖边黄金地段的三居室房子里。我定居杭州的时候，她把其中一个房间租给了旁边医院工作的年轻小护士，房租低于市场价。姨婆的诉求是，小护士可以每天陪她聊聊天，说说外面的事情。

那时我就觉得挺好的，对于小护士来说，住在姨婆家，通勤方便，走路去上班就5分钟；房租那么便宜，着实能减轻生活压力。而对姨婆来说，有个人陪伴，不会太孤独，还有机会接触新事物，获得情绪价值。尤其是，小护士在医疗系统工作，对于年纪越来越大的姨婆来说，是个专业的照应。唯一让我担忧的是，姨婆因为生活优越，自己又没孩子，脾气有点古怪，不知道她们能否相处好。

果然没过多久，姨婆就说房子不租给小护士了。据说她上班很忙，周末还要出去，姨婆得不到陪伴。

"跨代共居"从理论上来说是一个很好的养老方式，但执行起来并不容易。老年人年纪逐渐增大，越来越难适应新的生活方式。家里有外人在，难免会感到有些别扭，建立新的人际关系、和社会重建联系并没有那么简单。

另外，契约中的"陪伴"到底怎么界定？我那时没机会和小护士沟通，或许她也有一肚子委屈。

越是年纪大的老人，越有急救医疗措施方面的需求，租客如何保障？

当下，年轻人的家里愿意帮忙支付房租，不愿为了节省几百块钱房租开销而和老年人同住——我外婆知道姨婆出租了房子后就说："她又不缺钱，找个外人来住，安全吗？"

所有这些细节都是需要铺开去谈的。

退休后积极做义工

加拿大卡尔加里大学，比利时布鲁塞尔自由大学、天主教鲁汶大学，瑞典斯德哥尔摩大学，英国斯旺西大学做了一项联合研究，他们对 1001 名于 2010 年退休的瑞典公民进行跟踪调查，看他们五年以来个人认知水平的进展情况。

被调查的这1001个人被分为3组：第一组退休后持续做义工（250人），第二组偶尔做义工（220人），第三组从来不参加志愿者活动（531人）。然后通过问题清单、医生诊断和医疗手段的运用对他们的认知水平进行判断。

调查结果显示，退休以后做义工的人在认知方面出现问题（例如患阿尔茨海默病）的概率比零星或没有做义工的人要低得多。平均每周至少做义工一小时的退休人员，精力更容易集中，想问题更清晰，更容易唤起过去的回忆。

卡尔加里大学和布鲁塞尔自由大学的学者说："调查结果表明，志愿者工作确实能够有效预防老年人得失忆症和阿尔茨海默病。"

在国内，义工/志愿者也成了退休人士寻找存在感、和社会不脱节的选择之一。

笑姨45岁就从工厂内退了，一直闲不下来，上到老年大学，下到幼儿园阿姨、在儿童乐园陪孩子玩，用她自己的话说，从老到小都服侍过。中间也没消停，边玩边上班。64岁那年，笑姨也当起了志愿者。志愿者笑姨的第一个岗位是在医院大门口服务。由于长时间一个站姿不怎么动，半年后笑姨的腰不太舒服，就换到了门诊大厅，在各台自助机器上做引导咨询，为那些不太会用电子设备的病患解决问题。常在大厅里走动，笑姨的腰倒是没再出问题，她很喜欢这种忙碌和存在感。

医院志愿者的工作分为上午班和下午班，上午4小时，下午3小时，按小时获得报酬。如果上的是上午班，还能获得一顿工作餐。笑姨大多时候都上上午班，倒不是为了这顿饭，而是天性好玩好动的她，还想在下午约朋友出去玩玩。

在医院做志愿者的日子，让乐观开朗、乐于助人的笑姨赢得了好评和病患自发的赞叹。因为尽责，年终笑姨被评上了先进，代表志愿者上台讲话。两年的志愿者生涯让笑姨觉得自己生活在人群中，没有疏离，也没有被抛弃。这种认同感，对于退休的人来说比什么都重要。笑姨总说："我们有退休金，生活是不成问题的。六十多岁的我们要把眼光放远，反而不能总是关注自身，不然会有很多毛病出来的。"

2002年年底，笑姨经历了一场手术，所有人都劝她好好休息。她便歇到了2023年五一，感觉身体好了点的笑姨还是去医院报了名，因为"人总要活在人群中"。

到法院去当人民陪审员是退休后"知识分子"们的新选择。有一次在法院门口撞见了我的中学语文老师姜老师，起先我吓了一大跳，以为遇上了什么麻烦事才要去法院打官司。再一问，原来退休了的姜老师现在是一名人民陪审员。

从老师到陪审员，听起来并不违和。为了当好人民陪审员，姜老师自学了法律知识，法院组织的专业培训一场都不落下，称得上是头发花白的好学生。

姜老师说得很谦虚："我就是一介书生，除了舞文弄墨，没什么傍身技能。让我退休后在家整天看书似乎不太现实，但要去做体力工作，身体也吃不消。陪审员这个角色很适合我，看上去也没有丢份儿，很有面子。"

在法庭工作是一个场景，在姜老师看来，学习法律知识的好处还在于可以向大众普及。他现在是自家所在社区的"法律志愿服务者"，常常热心肠为社区老年人普法。希望大家提高警惕，提升法律意识，保护好自己。

社团：退休人士的新天堂

退休后，有大把时间可以钻研自己的爱好。但是，独乐乐不如众乐乐，如果有志同道合的人一起，玩起来也更带劲。

在医院做志愿者的笑姨更为人称道的是六十多岁骑摩托车旅行的壮举。最远的一次，从浙北城市湖州骑摩托车到山西平遥，全程往返 3000 多公里，来回 16 天。

笑姨退休后在老年大学、幼儿园等地继续就业，有一次偶然留意到摩托车公社，一个激灵，从没接触过摩托车甚至连电瓶车都不骑的笑姨觉得这也太酷了。她看着飒爽的摩友们穿梭各地，自由自在，动心先买了辆助力车。骑了没多久，发现不能加油，又花了 7000 元干脆买了辆摩托车。时年 50 多岁的笑姨骑在摩托车上，直感慨"人的潜力是无限的"。

笑姨特地去考了驾照，人晒得黑黑的。虽然不及年轻人三两下就拿下驾照，好歹还是在退休后得到了一张专业执照。

真正"玩疯"是在花了 12000 元买了本田限量版摩托车后。那时，笑姨已经是摩友里的"群花"，男女比例上，骑摩托车的女性本就不及男性，何况还是个退休阿姨。大家都喜欢笑姨的开朗热情和对新鲜事物的认真劲儿，也是那时候有了"笑姨"这个艺名。新买的本田摩托车排量大，开起来像赛车，骑在上面要些胆量。正逢有同为女性的朋友相约，两人一口气开到了山西平遥，甚至开上了五台山。

两边都是悬崖峭壁的挂壁公路让人后怕；天下雨还遇到煤车的时候，边开车还得边擦头盔；后方摩友幕后导航错误时，笑姨火冒三丈，凭感觉反而畅通无阻；跨长江，过黄河，不受拘束、不会堵车的摩托车旅行让笑姨时不时笑出声来；怎么都想不到，退休后还能有这般经历。

山西之行中，笑姨的旅伴比她小十来岁，刚退休，但精力没笑姨好，总是一到宾馆就躺下了。笑姨却像打了鸡血似的，先做清洁（消毒马桶、杯子等），再叫好外卖或是自己简单做点吃的（随身带了一口小锅），把摩友叫起来吃饭。躺下后做自己的功课——整理照片，发朋友圈。

"发个朋友圈很花心思的，我要挑照片，还要想文案。那时，很多人都等着看我更新，我不能乱发啊。"这么一折腾，睡着都是十一点了。

"不过发朋友圈这种事，每个人的想法不一样，我那个摩友就不发，她怕家人担心。"笑姨没有这种担忧，她事先屏蔽了家人。

山西这趟长途摩旅后，笑姨基本在江浙沪旅行。很多时候都和摩友们一道出发，摩托车队伍成了一道风景线，路上的人都停下来为他们竖大拇指，和坐在汽车里"被动"地到达目的地完全不同。

针对退休人群的社团多到不胜枚举。传统的太极、遛鸟、唱歌、跳舞这些活动依然受欢迎，如今有了更多适合退休人士的社团。这种带着某种兴趣爱好的公共团体并非由公司或者个人为了某个目的、有意识地营造出来。相反，每一个人都从爱好者开始，聚少成多，集中起来后自然而然形成，因此也更容易成为人们可以依赖、信任的大家庭。

延迟退休

童老师 50 岁的时候就想退休了。她先生老徐早几年退休在家，除画画和健身两件大事外，捣鼓相机、咖啡和各种刀具，日子过得有滋有味。老徐是不出门的，他觉得外头太纷杂，但在家中却有一个富足的小世界，谈得来的朋友常会约着去他家做客。但凡不上班，童老师就是那个张罗和接待的人。因为上班的时候是办公室主任，在家，她便成了"徐办主任"。

退休前，童老师的工作时间相对自由。那时，童老师混迹在书店和山里——朋友的项目，请她去咨询，这是她最拿手的事。

"这或许就是我退休后的样子吧？"童老师脑海里有过画面。而更多的对于退休生活的想象，还是来源于老徐。童老师早就体验过了，也很习惯，甚至向往——双休日上午，两人的早餐"中西配"——咖啡＋红薯；平日里下班早，就煎块牛排，开瓶红酒。

但凡身边有那么一两个退休后过得还不错的，就会被带动影响。对于退休，童老师心里至少是不紧张的。

老伴儿退休多年，子女不在身边，老人也已过世，童老师觉得到时间就退休吧，平静但又活色生香。

退休前赶上公司改制，老领导觉得童老师这个"老阿姨"比年轻人靠谱，所以不能放老阿姨走。也是这么一刺激，童老师反观自己，她觉得自己不仅喜欢做事情，更重要的是，前几年在书店和山里的工作沉淀让自己得益良多，她也希望这些心得和经验能够重新用在工作上。

如果说这是一代人的职业操守，其实，还有个人的原因。

童老师和前夫有个儿子，出生起就由她一人抚养。童老师算了下收入，拿退休金和拿工资相比，一年相差不少钱。几经权衡，那个早就打算退休的童老师在 55 岁那年办理了延迟退休手续。如今，56 岁的童老师还有四年正式退休。

在单位里，童老师从不倚老卖老，她一直是那个香饽饽，年轻的或年长的同事都喜欢她。心理上经历了一轮"再就业"，好在剩下的四年不是委曲求全的。

童老师觉得，"延迟退休"是个蛮复杂的命题，大多数时候不能由一方做主。

"你得是技术人才，单位里少不了你。单位里正好还有这个名额空缺，你的留下不至于阻碍年轻人的上升。同时，你也得有延迟退休的意愿和体力。"童老师说。

不仅如此，每个单位对于延长雇佣者的待遇也不尽相同。我也听到过一些退休人士的愤懑：居然现在要看我原下属的脸色，这个无论如何都做不到。

有过一个这样的算法：出社会之前，人需要准备 20 年。20 岁踏入社会之后，努力工作，为社会做贡献 40 年，到了 60 岁退休。

假设一个人的寿命是 80 岁，那么 60~80 岁的 20 年就是人生最自由的一个阶段。而 60 岁恰好是普遍的退休年纪。

所以，我们应该如何看待退休后的时光呢？或许可以在这段时间里提高心性，尽情体会人生，去做一些年轻时没来得及做的事情。这也正是我们在这里讨论的，如何规划退休刚开始后的这段黄金时间。

第六章

退休后行动清单

　　人生下半场才是决胜局。不一样的是，这里的决胜，可以不与他人比较，而是为自己来到世间而进行的努力。

假设我们能活到 100 岁（以现代的科技水平，"百岁老人"早已不是天方夜谭），那么，四五十岁的人，还有五十多年的生命，这可比过去三十多年的青年时光还要漫长得多呢。也因此，那些认为 50 岁后已经是老年人，继而躺平泄气的想法，也显得过于消极。不培养点兴趣爱好，以及坚韧的修为，找到自己喜欢并愿意做的事，怎么度过漫长而充满期待的余生呢？

串门

串门是一项古老的社交活动。过去几十年里，工作和家庭牢牢占据了生活，我们疏于和朋友之间的往来，就算是会面，也只是咖啡馆、餐厅里的匆忙行事。终于退休了，可以把屋子慢慢收拾干净，铺好整洁的桌布，根据不同的饮品，配上相应的杯子。

朋友也是，将有客来访看成一桩盛大仪式，根据季节，端出家中时令好货。要是碰到下午茶时间，冬天就会顺势下一个水波蛋，夏季则有冰镇红豆沙，都是最家常的——终于有了这份闲情，和一份对人好的心意。看似无所事事，交织出忙碌的现代人缺失的那一块净土。

当然，退休人士的串门也要视情况而行。到了这个年纪，家庭多多少少发生了变化，有的家中多添了好几口人，有的则随孩子搬迁到了别处，串门多了可能对于同住的子孙辈来说，会造成困扰。根据自己的情况安排就好。

聚会

日本有医学研究表明，50 岁之后，能唤起昔日记忆的同学聚会值得推荐，有助于促进大脑活跃。

退休这件事让老同学、朋友们的关系又日渐紧密起来，因为"退休后的生活"成了他们的共同课题。而聚会，无疑是一种紧密联系的方式。以前，同学在一起，书声琅琅；现在，都变成了爷爷奶奶，感慨万千。这样的聚会让人心情愉悦。

北宋年间，宰相富弼退休后闲居洛阳。老同事文彦博也在洛阳留守。两个人合计，组织了一个"洛阳耆英会"，邀请当时的名人入会，其中包括在职的司马光。为了大家能和睦相处，司马光牵头，草拟了"会约"，内容大致为：不论官位，看年纪大小来定座次；主菜不要过五个，佐菜的果脯、肉酱之类的小碟，总数不要超过二十碟；喝酒不要过度，可以自斟自饮；能不能来聚会，要提前说明；聚会之日，按时出席，不催不等。

退休人士的聚会，也得有规矩。

运动

退休人士适宜选择轻柔舒缓的运动，瑜伽是一个不错的选择。相对来说，装备轻便，不需要花大价钱购置，一身衣服，一张瑜伽垫，以及一些辅助工具即可。瑜伽可难可易，初学者从下犬式等简单体式入手，亦有所得。

不过，不建议在无人指导或是陪伴的情况下冒险做高难度动作。我母亲是长期瑜伽练习者，身体柔韧度很好，最重要的是，她能从瑜伽练习中获得快乐，是朋友在一起挥汗一小时的快乐，是释放了僵硬后的轻快，也获得了这几年很少生病的轻松。但我们会叮嘱她，那些徒手倒立等高难度动作还是不要尝试，妈妈也非常认可。

有一天，她在家做完全套瑜伽后，突然想试试倒立，还没喊上家人在一旁看着呢，她就已经摔下来了。"一股电流穿到手心，左手麻了。"我妈说。之后是脖子一动不能动。想到问题可大可小，我们赶紧送她去医院，所幸没有急性摔伤，只是扭伤，回去静养。

回到故乡

回到土生土长的故乡是退休后居所的很好选择。叶落归根，过去只有在年节才会被激发的思乡之情，退休后终于可以无所顾忌地在家乡停留。

保留一种古早的生活氛围，听着家乡的声音，对于很多退休人士来说，是安定剂。乡音就像一面镜子，时刻提醒着我们的来处。乡音带来的归属感，让人们得以确信自己在这座城市的位置。

对很多人来说，在家乡，生活压力小，住房更宽敞，空气更新鲜，饮食更健康，邻里关系更好。

当然，回老家要保有良好中立的态度。从城市回到老家，环境政策都大有不同。回家乡后，你看病方便吗？乡邻会对你怎么样？……做决定前多问自己几个问题。

学习

学习是保持年轻最好的方式之一，也是一件相对个人且成本较低的事。对于一辈子身处学习型研究岗位的人来说，退休后有了更多时间，可以更自由地在知识的海洋里尽情畅游。我身边有不少这样的人，退休后依然有着满满的日程，继续自己感兴趣的研究，日更公众号，甚至撰写论文。

退休之后，人们将会更清晰地面对诸多丧失：身体机能的丧失、社会关系的丧失、成就感的丧失，等等。而学习则起到一种补偿作用，帮助他们尽可能保持原有的生活品质、幸福感和自主性。

这意味着学习可能是一种非常好的自助疗法，一种对自己的身体、关系上的问题的日常应对方式，是应对由于年龄带来的"脱节感"的好方法。

老年教育是满足老年人精神文化需求的重要途径，老年大学曾经一位难求。2023 年，浙江省将老年教育提质扩容纳入十方面民生实事项目之一，提出 90% 以上乡镇（街道）建有老年大学、培育老年教育示范校 60 所的目标。杭州市 2022 年印发《关于加快老年教育发展的实施意见》，提出到 2025 年，全市基本形成保障有力、职责明确、多方参与、资源融通、开放便捷、特色鲜明的老年教育发展新格局。

比如，杭州拱墅区和睦街道和睦社区的养老服务综合街区就开了社区老年大学，打造"老年教育 + 文化养老"新模式，老年人在家门口就可以上大学。

书画、乐器、英语、太极、健康养生、视频剪辑、智能手机应用……和睦社区老年大学的课程表，内容多且超前，比如视频剪辑就很抢手，健康养生类课程因为实用性也成了退休人士的热门选择。

廖阿姨退休后就开启了"个人爱好之旅"，国画、葫芦丝、电吹管、剪纸，经常还在县城参加表演，"上春晚"之类的节目里肯定有廖阿姨的影子。老伴儿李叔叔退休后一直学英语，自从跟儿子一家在欧洲生活了一段时间，感受到了英语的重要性。边学边用，也让李叔叔获得了极大的成就感。儿媳洋圈圈怀二胎在家的时候，受两位退休老人的感化，考了浙江大学 MBA。没想到退休后还能影响年轻人，二老更是欣慰。

在洋圈圈看来，退休后再学习往往是发自内心地想要把它当作一项兴趣，或是真的想习得一项技能，不浮躁也不功利，和年轻人相比更容易坚持。不过婆婆廖阿姨也流露过悲观情绪，觉得要抓紧身体好的时候多学点。

旅行

出门旅行是大多数人退休后的首选，把那些没见过的壮美山河都去领略一遍。因为时间自由，更可以错峰出行。

旅行的方式很多，跟团、自驾都很方便。我们也会提醒人们在路上注意安全，带好常用药。这里介绍一种旅行方式——住酒店，而且是和子女一起。

小皮是酒店博主，没有固定工作地点。用她自己的话说，浪惯了，所以年过 35 还没结婚。两年前，父母退休，她便带上父母一起体验酒店，去年一年，在五星级酒店里住了将近 200 天。

比起早年媒体吹捧的带父母全球壮游，小皮和父母要单纯得多——就是在酒店里住着，从不会觉得无聊，反倒促进了家庭和睦。小皮说，在家的时候，老头老太太常常大眼瞪小眼，自己看着也难受。但到了外面，没了做饭洗衣这些琐事，大家就和睦了。

有人说，有钱人才会这么做。但小皮算了笔账，这样的生活，花费其实比想象中要少。因为工作原因，小皮是很多五星级酒店的会员，可以享受房费、用餐等多种优惠，以及房间升级等会员权益。一般来说，房费平均在 600~900 元 / 天不等，小皮和父母住一间。

用餐虽然也在酒店，但相对机动。五星级酒店都有丰富的自助餐，很多时候，吃过一顿慢早餐后，中饭就不太吃得下了。也有的时候，会员权益里有免费下午茶，晚餐可能只需要点一两个菜。

退了休，跟着女儿"浪迹"酒店，小皮的父母心里有几个原则：首先，不去要求女儿。比如说，你怎么不带我们出去走走之类的。一方面是自己也很享受在酒店的舒适，不想去外面人挤人；另一方面是不想给女儿造成压力，外出本来就有很多不确定因素。况且女儿虽然不用打卡上班，每天还是有很多事情要做。

其次，老人们很有健康意识，随身都会带着一个小药盒，针对二老基础病的常用药。小皮的父亲有高血压，除了定期回原籍配药，平时也带着血压仪。这两年，还会多带一个血氧仪。每天，两人都会有各自的健身时间，打一套八段锦，也会游泳。

至于钱，每次都是三人平分。二老觉得，自己有退休金，女儿有自由工作的收入，谁都不要"蹭"谁的。不要总认为子女应该赡养老人，女儿以后也得自己养老，理应存点钱。

退休，并不是一个苍凉日暮的词，它和"老"没有必然的强关联，相反，今天的退休人群依然，或者说，反而拥有更广阔的天地。

如果你没有时间从头到尾阅读本书，本章或许是一次快速直接的普及。串门、聚会、回到故乡、学习、旅行，既可以当成迅速易得的方法论，也可以作为迷茫中的灵感明灯，在你不知道要做什么的时候，择几项而从之。

　　心中有预见，遇事也不慌，对退休后的生活有了明确意识，才能过好下半场。要知道，人生下半场才是决胜局。不一样的是，这里的决胜，可以不与他人比较，而是为自己来到世间而进行的努力。

附　录

退休影视书籍

书籍 📖

退休后：50 岁之后该如何生活和老去

作　者：（日）楠木新

译　者：丁瑞媛

出版社：江苏人民出版社

老后破产：名为"长寿"的噩梦

作　者：（日）NHK 特别节目录制组

译　者：王军

出版社：上海译文出版社

无缘社会

作　者：（日）NHK 特别节目录制组

译　者：高培明

出版社：上海译文出版社

孤舟

作　者：（日）渡边淳一

译　者：竺家荣

出版社：青岛出版社

照护：哈佛医生和阿尔茨海默病妻子的十年

作　者：（美）凯博文

译　者：姚灏

出版社：中信出版社

人口大逆转：老龄化、不平等与通胀

作　者：（英）查尔斯·古德哈特，马诺杰·普拉丹

译　者：廖岷，缪延亮

出版社：中信出版社

一个人最后的旅程

作　者：（日）上野千鹤子

译　者：任佳韫，魏金美

出版社：浙江大学出版社

影视 💿

退休万岁！（法国）

菲利普与玛丽萝两人迈入老年，即将规划他们梦寐以求的退休生活：搬往葡萄牙，去充满阳光的地中海旁生活。当他们以为终于能平静享受人生时，他们的女儿却另有规划。

退休地图（中国香港）

拥有安乐窝、享受自主时间，继续探索世界，是香港人理想的退休生活。要在下半场实现上述三个愿望，不一定是奢侈，并非妄想。主持人洪永城带着观众的退休梦，亲身寻访地图上既符合预算，又可轻松退休的地方。

应届退休生（中国台湾）

老张退休这天，他离家的父亲老老张送来一份大礼物——老老张自己。父子的关系重新在他们之间蔓延。不久，老张发现，老老张有那么一点点超现实，但是"爸爸"的称呼又让一切归于平淡。一天，老老张发现离家的孙子有张全家福照片，里面并没有他。看似悠哉的老老张，决心回到那张没有他的全家福里，并把离家的孙子找回来。

----

88 岁退休的日本乡村医生（日本）

来看看日本的乡村医生吧！秋山邦夫医生于1949 年一个人来到大山里做医生，守护了当地村民的健康整整 61 年后，在 88 岁的高龄退休，本片记录他离开前的 50 天。